Gabriel Seitlinger
SALZBURG SUMMITS

Impressum

Bibliografische Information der Deutschen Nationalbibliothek
Die Deutsche Nationalbibliothek verzeichnet diese Publikation
in der Deutschen Nationalbibliografie; detaillierte bibliografische
Daten sind im Internet über http://dnb.d-nb.de abrufbar.

© 2019 Verlag Anton Pustet
5020 Salzburg, Bergstraße 12
Sämtliche Rechte vorbehalten.

Lektorat: Martina Schneider
Grafik und Produktion: Nadine Kaschnig-Löbel
Kartenmaterial: Arge-Kartografie
Orthofotos mit Gemeinde-, Bezirks- und Landesgrenzen:
SAGIS, www.salzburg.gv.at/sagis
Coverfoto: Bernhard Helfinger
gedruckt in der EU

ISBN 978-3-7025-0929-3

www.pustet.at

Die in diesem Buch beschriebenen Wanderungen wurden vom Autor nach bestem Wissen recherchiert und erstellt. Inhaltliche Fehler können dennoch nie ganz ausgeschlossen werden. Es wird seitens Autor und Verlag keinerlei Verantwortung und Haftung für mögliche Unstimmigkeiten übernommen. Die Verwendung dieses Wander- und Freizeitführers erfolgt ausschließlich auf eigenes Risiko und eigene Gefahr.

Gabriel Seitlinger

SALZBURG SUMMITS

**Wandern
Radeln
Skibergsteigen**

VERLAG ANTON PUSTET

Inhalt

Einleitung ... 8

1	Salzburg **Gaisberg** 🚶🚴	14

Flachgau

2	Koppl **Gaisberg** 🚶	17
3	Elsbethen **Schwarzenberg** 🚶	19
4	Anif **Goiser Hügel** 🚶	22
5	Grödig **Salzburger Hochthron** 🚶⛷	24
6	Großgmain **Mitterberg** 🚶	27
7	Wals-Siezenheim **Krüzersberg** 🚶🚴	30
8	Bergheim **Hochgitzen** 🚶	33
9	Elixhausen **Ursprung** 🚶	36
10	Seekirchen **Wiese in Obermödlham** 🚴	39
11	Seeham **bei Lina** 🚶	42
12	Berndorf **Linde am Thurn** 🚶🚴	45
13	Obertrum **Haunsbergrücken beim Wurzelthron** 🚶🚴	48
14	Anthering **Haunsberg** 🚶🚴	51
15	Nußdorf am Haunsberg **Haunsberg** 🚶	53
Voralpentour zu acht Summits 🚶🚴		**56**
16	Oberndorf **Wasserreservoir Maria Bühel**	60
17	Bürmoos **Wasserturm in Laubschachen**	61
18	St. Georgen **Wasserturm bei Krögn**	62
19	Dorfbeuern **Lielonberg**	63
20	Lamprechtshausen **Wasserturm Oberholz**	64
21	Göming **Wachtberg**	65
Sechs auf einen Streich – West 🚶🚴		**66**
22	Mattsee **Buchberg** 🚶	70
23	Schleedorf **Tannberg** 🚴	72
24	Köstendorf **östlicher Tannbergrücken** 🚶🚴	75
25	Straßwalchen **Irrsberg** 🚶	77
26	Neumarkt **Lehmberg** 🚶	79

27	Henndorf **Große Plaike** 🚶	82
Sechs auf einen Streich – Ost 🚶 🚴		84
28	Hallwang **Heuberg** 🚶	88
29	Eugendorf **Gottsreith** 🚴	90
30	Plainfeld **Wasserreservoir Forsthuber Bühel** 🚶	92
Summit-Trilogie 🚶 🚴		94
31	Thalgau **Schober** 🚶	96
32	Fuschl am See **Schober** 🚶	98
33	Hof bei Salzburg **Filblingrücken** 🚶	100
34	Ebenau **Schwarzenberg** 🚶 🚴	103
35	Faistenau **Wieserhörndl** 🚶 ⛷	105
36	Hintersee **Gennerhorn, nördlich vom Gipfel** 🚶 ⛷	108
37	St. Gilgen **Schafberg** 🚶	112
38	Strobl **nördlich des Gamsfeldgipfels** 🚶 🚴	115

Tennengau

39	Rußbach am Pass Gschütt **Gamsfeld** ⛷	120
40	Annaberg-Lungötz **Bischofsmütze** 🚶	122
41	Abtenau **Bleikogel** 🚶 ⛷	125
42	Scheffau **Südlicher Wieselstein** 🚶 ⛷	128
43	St. Koloman **Trattberg, östlich des Gipfels** 🚶 🚴 ⛷	131
44	Krispl **Schmittenstein** 🚶	134
45	Bad Vigaun **Schlenken** 🚶 ⛷	136
46	Adnet **Graskuppe nahe der Jägernase** 🚶 ⛷	138
Dreier-Runde 🚶		140
47	Puch **Schwarzenberg, südlich vom Gipfel** 🚶	142
48	Oberalm **Oberalmberg** 🚶 🚴	145
49	Hallein **Grenzstein 123, Rossfeld** 🚴 ⛷	147
50	Kuchl **Hoher Göll** 🚶 ⛷	150
51	Golling **nahe Grenzstein 133** 🚶 🚴	153

Pongau

52	Werfen **Hochkönig** 🚶 ⛷	158
53	Mühlbach am Hochkönig **Hochkönig** 🚶 ⛷	162
54	Pfarrwerfen **Raucheck** 🚶	165
55	Werfenweng **Bleikogel** 🚶 ⛷	167

56	Bischofshofen **Hochgründeck** 🚶🚴	170
57	Hüttau **Hochgründeck** 🚶🚴	172
58	St. Johann im Pongau **Sonntagskogel** 🚶⛷	174
59	St. Veit **westliche Schulter der Höllwand** 🚶🚴	177
60	Schwarzach im Pongau **Urlsberg** 🚶	180
61	Goldegg im Pongau **Hochegg** 🚶🚴	182
62	Dorfgastein **Bernkogel** 🚶🚴	184
63	Bad Hofgastein **Silberpfennig** ⛷	186
64	Bad Gastein **Ankogel, Nordwest-Wand** 🚶	189
65	Großarl **Gamskarkogel** ⛷	193
66	Hüttschlag **Keeskogel** ⛷	195
67	Kleinarl **Faulkogel** 🚶	198
68	Wagrain **Gabel** 🚶⛷	201
69	Flachau **Mosermandl** 🚶	204
70	Eben **Gerzkopf** 🚶	207
71	St. Martin/Tg. **Bleikogelrücken** 🚶	210
72	Filzmoos **Torstein** 🚶	214
73	Radstadt **Vorderes Labeneck** ⛷	217
74	Altenmarkt **Steinfeldspitze** 🚶	219
75	Untertauern **Großer Pleißlingkeil** 🚶	222
76	Forstau **Rosskogel** 🚶🚴	225

Lungau

77	Zederhaus **Weißeck** ⛷	230
78	Tweng **Hochfeind Ostgipfel** 🚶🚴	233
79	Weißpriach **Blutspitze** 🚶	236
80	Mariapfarr **Hocheck** 🚶🚴	239
81	Göriach **Hochgolling** 🚶	241
82	Lessach **Hochgolling** 🚶	244
83	St. Andrä **nördlich der Schoberhütte** 🚶	247
84	Tamsweg **Preber** 🚶⛷	250
85	Ramingstein **Kilnprein** 🚶	253
86	Thomatal **Königstuhl** 🚶⛷	256
87	St. Margarethen **Aineck** ⛷	258
88	Unternberg **Hochkopf** 🚶	261

89	Mauterndorf **Speiereck** 🚶🚴	264
90	St. Michael im Lungau **Weisseneck** 🚶	267
91	Muhr **Großer Hafner** 🚶	271

Pinzgau

92	Unken **Großes Häuselhorn** 🚶	276
93	Lofer **Mitterhorn** 🚶	279
94	St. Martin bei Lofer **Großes Ochsenhorn** 🚶	282
95	Weißbach bei Lofer **Birnhorn** 🎿	285
96	Leogang **Birnhorn, südwestl. vom Gipfel** 🚶	288
97	Saalfelden **Großer Hundstod** 🚶	291
98	Maria Alm **westlich des Hohen Kopfes** 🚶	294
99	Dienten **westlich des Hohen Kopfes** 🚶	297
100	Saalbach-Hinterglemm **Geißstein** 🚶	300
101	Viehhofen **Oberer Gernkogel** 🎿	303
102	Maishofen **Sausteigen, nördl. vom Gipfel** 🚶	305
103	Zell am See **Schwalbenwand** 🚶🚴	308
104	Bruck/Glocknerstraße **Schafelkopf** 🚶🚴	311
105	Taxenbach **Achenkopf** 🚶	314
106	Lend **Bernkogel** 🚶	317
107	Rauris **Hocharn** 🎿	320
108	Fusch/Glocknerstraße **Großes Wiesbachhorn** 🚶	322
109	Kaprun **Großes Wiesbachhorn** 🚶	326
110	Piesendorf **Bambachkopf** 🚶🎿	329
111	Niedernsill **Großer Schmiedinger** 🚶🚴🎿	332
112	Uttendorf **Johannisberg** 🚶	335
113	Stuhlfelden **Geißstein** 🚶🚴	338
114	Mittersill **Tauernkogel** 🚶	341
115	Hollersbach **Blessachkopf** 🚴🎿	344
116	Bramberg am Wildkogel **Hohe Fürleg** 🚶🚴🎿	347
117	Neukirchen **Großvenediger** 🎿	351
118	Wald im Pinzgau **Ochsenkopf** 🚶	354
119	Krimml **Dreiherrnspitze** 🚶	357

Ranking der 119 Summits 360

Einleitung

Wander- und Bergbücher gibt es viele. Schöne, einsame und einzigartige Berg-, Rad- und Skitouren noch viel mehr. Dabei einen Anspruch auf Vollständigkeit zu erheben ist nahezu unmöglich. Die „Salzburg Summits" erfüllen nunmehr den objektiven Anspruch auf Vollständigkeit insofern, dass von jeder der 119 Salzburger Gemeinden der höchste Gipfel, die höchste natürliche Erhebung, auf den Punkt genau verortet und eine Wanderung, eine Radtour oder eine Skitour dorthin vorgestellt wird. Als Grundlage dafür dienten die neuesten Orthofotos, die digitalen Gemeindegrenzen sowie die auf Zentimeter genaue Höhe der Airborne-Laserscan-Daten (ALS).

Oberstes Ziel war es dabei, den jeweiligen Summit von der zugehörigen Gemeinde aus zu erreichen. Damit ergaben sich zwar einige wenige, untypisch lange Touren, zum Beispiel auf den Faulkogel oder die Bischofsmütze. Als Alternativvorschläge wurden in diesen Fällen jedoch auch die klassischen Anstiege kurz vorgestellt.

Bei einigen Summits ist das genaue Auffinden nur mit GPS-Koordinaten möglich. Diese sind bei jeder Tour sowohl im WGS84 wie auch in Bundesmeldenetzkoordinaten angegeben. Einige Ziele liegen in landwirtschaftlichen Wiesenflächen (z.B. Seekirchen, Eugendorf, Dorfbeuern).

In diesen Fällen ist Rücksicht (Erntezeit, Weidevieh) und allenfalls ein Gespräch mit dem Grundeigentümer geboten. Die „nächstgelegenen Gipfel" beziehen sich auf die Luftlinienentfernung vom jeweils beschriebenen Gipfel.

Jede Tour wurde nach der international üblichen Skala des Schweizer Alpenclubs (SAC) nach bestem Wissen und Gewissen bewertet. Gradmesser ist jeweils die Schlüsselstelle. Für Wanderungen reicht die Wander- oder Trekkingskala von T1 (Wandern) bis T6 (schwieriges Alpinwandern). Für die hochalpinen Routen der meisten Zentralalpentouren und die schwierigeren Anstiege in den Kalkalpen gelten die Berg- und Hochtourenskala von L (einfaches Gehgelände, einfacher Blockgrat) bis WS+ (meist noch Gehgelände, Kletterstellen übersichtlich und problemlos). Und für die Skitouren die Skitourenskala von L (weicher, hügeliger Untergrund) bis ZS- (kurze Steilstufen ohne Ausweichmöglichkeiten, sichere Spitzkehrentechnik erforderlich). Für mehr Infos siehe www.sac-cas.ch
Für die Klettersteigtouren wurde auf die in Österreich verwendete Schall-Skala von A bis F zurückgegriffen.

Auf das detaillierte Wiedergeben von Ausrüstungslisten wird hier verzichtet. Bei Skitouren wird die Verwendung von LVS-Gerät, Schaufel und Sonde sowie allenfalls Lawinenrucksack vorausgesetzt. Bei Gletschertouren ist die sichere Anwendung der Seil- und Steigeisentechnik ein Muss. Bei den – wenigen – Kletter- und Klettersteigrouten gehören Klettersteigset, Helm, schützende Handschuhe und gegebenenfalls zusätzliches Sicherungsmaterial zur Minimalausrüstung.

Eine eingehende Planung betreffend Wettervorhersage, Lawinengefahr, Länge und Schwierigkeit der Tour, das Checken von WebCams, Einkehrmöglichkeiten mit eingespeicherten Telefonnummern der Hütten sowie das Einschätzen des Könnens der teilnehmenden Personen ist selbstverständlich. Zur Planung seien dafür folgende Seiten empfohlen:
   www.zamg.ac.at
   www.lawine.salzburg.at
   www.alpenverein.at

Zusätzlich zu einem ausgewählten Kartenmaterial (Kartenempfehlungen finden sich bei jeder Tour) sind bei manchen Touren offline verfügbar gemachte Geodaten hilfreich und manchmal sogar vonnöten. Gute Erfahrungen wurden dabei mit den Produkten von Google Maps und der Alpenvereinsaktiv-App gemacht.

Notrufnummern:
   Bergrettung 140
   Euro-Notruf 112

Als Abrundung und zur Komplettierung wird an gegebenen Stellen auf andere „extreme" geografische Punkte hingewiesen. Diese sind der niedrigste, der höchste, der nördlichste, östlichste, südlichste und westlichste Punkt im Bundesland Salzburg, wobei sich zwei von diesen mit jeweils einem Summit decken und über einen dritten zur Erreichung eines Summits gezwungenermaßen drübergewandert wird.

nördl. des Gamsfeldgipfels 1954 m (Strobl) 38
Salzburger Hochthron 1853 m (Grödig) 5
Mitterberg 1840 m (Großgmain) 6
Schafberg 1782 m (St. Gilgen) 37
Gennerhorn 1736 m (Hintersee) 36
Wieserhörndl 1567 m (Faistenau) 35
Schwarzenberg 1334 m (Elsbethen & Ebenau) 3 34
Schober 1328 m (Thalgau & Fuschl) 31 32
Gaisberg 1287 m (Stadt Salzburg & Koppl) 1 2
nordwestlicher Filblingrücken 1281 m (Hof) 33
Große Plaike 1034 m (Henndorf) 27
Lehmberg 1027 m (Neumarkt) 26

Heuberg 901 m (Hallwang) 28
Gottsreith 861 m (Eugendorf) 29
Irrsberg 844 m (Straßwalchen) 25
Haunsberg 835 m (Anthering & Nußdorf) 14 15
Buchberg 801 m (Mattsee) 22
Haunsbergrücken Wurzelthron 800 m (Obertrum) 13
Tannberg 786 m (Schleedorf) 23
Wasserreservoir Forsthuber Bühel 775 m (Plainfeld) 30
östlicher Tannbergrücken 745 m (Köstendorf) 24
Linde am Thurn 687 m (Berndorf) 12
bei Lina 683 m (Seeham) 11
Hochgitzen 676 m (Bergheim) 8
Obermödlham 617 m (Seekirchen) 10
Krüzersberg 596 m (Wals-Siezenheim) 7
Ursprung 586 m (Elixhausen) 9
Lielonberg 569 m (Dorfbeuern) 19
Goiser Hügel 540 m (Anif) 4
Wasserturm Oberholz 503 m (Lamprechtshausen) 20
Wachtberg 501 m (Göming) 21
Wasserturm Krögn 470 m (St. Georgen) 18
Wasserturm Laubschachen 451 m (Bürmoos) 17
Wasserreservoir Maria Bühel 445 m (Oberndorf) 16

1 Salzburg Gaisberg 1 287 m

Ranking 89 Salzburg (119) 1 Stadt Salzburg (1)
Koordinaten WGS84: 13,112779 W, 47,805085 N;
BMN M31: 433536,0; 296301,1
Karten BEV: UTM-Blattschnitt ÖK50 3204 – Salzburg
und 3210 – Hallein;
Kompass: 291 Rund um Salzburg
Summits in der Nähe
  2 Koppl – Gaisberg
  28 Hallwang – Heuberg
  29 Eugendorf – Gottsreith
Besonderheiten Die Gemeinde und Statutarstadt Salzburg gehört nicht zum Flachgau und damit ist der Gaisberg auch der einzige Gipfel in dieser Verwaltungseinheit. Dazu ist der Gaisberg ein Doppelsummit. Für Koppl ist die Gaisbergspitze ebenfalls der höchste Punkt.

T2 • 830 Höhenmeter • 9,5 km • 2 ¼ Stunden
Ausgangspunkt Obuskehre in Obergnigl (456 m)

Der Ausgangspunkt für die Wanderung ist bei der Obuskehre in Obergnigl (Buslinie 2). Von dort geht es Richtung Süden in die Eichstraße leicht abwärts, bis nach circa 150 Metern der Wanderweg links abzweigt (E4 von Zypern nach Tarifa, Arnoweg, Nr. 804). Diesem folgend an der Radauerkurve vorbei und nördlich entlang des Kühbergs bis zu einer Treppenpassage (400 Stufen). Dieser folgend und auf dem Sattel des Kühbergs links haltend bis zur Querung der Gaisberg-Bundesstraße. Auf der asphaltierten Straße geht es nun Richtung Gersbergalm (760 hm) und gut 50 Meter hinter der Gersbergalm rechts Richtung Gaisbergspitze auf dem Jägersteig (Nr. 13). Bei der Querung des Gaisbergrundweges kurz nach links und in weiterer Folge

über eine Felsstufe steil und teils verwachsen, jedoch meist gut erkennbar in direkter Linie auf den Gipfel. Als Abstiegsvariante eignet sich der Bus (Linie 151), der wieder hinunter nach Salzburg fährt.

Mit dem Fahrrad empfiehlt sich die Auffahrt verkehrsberuhigt von Parsch über Aigen (450 m) über die Gaisberg- und Gänsbrunnstraße. Diese mündet gut eineinhalb Kilometer unterhalb der Zistelalm in die von Guggenthal heraufführende Gaisbergstraße. Ab der Zistelalm über zwei lange, steile Geraden mit Passagen über 13 Prozent in weiteren 3 Kilometern auf den Gaisberggipfel. Gesamtdifferenz gut 830 hm.

Als Hausberg der Stadt-Salzburger bietet der Gaisberg für weitere Anstiege eine Fülle von Möglichkeiten und vom Gipfel einen grandiosen Rundumblick. Der höchste Punkt der Stadt Salzburg ist durch eine Steinsäule markiert.

Koppl Gaisberg 1 287 m 2

Ranking 89 Salzburg (119) 11 Flachgau (37)
Koordinaten WGS84: 13,112822 W, 47,805113 N;
BMN M31: 433539,2; 296304,2
Karten BEV: UTM-Blattschnitt ÖK50 3204 – Salzburg und 3210 – Hallein;
Kompass: 291 Rund um Salzburg
Summits in der Nähe
　　1 Salzburg – Gaisberg
　　28 Hallwang – Heuberg
　　29 Eugendorf – Gottsreith
　　30 Plainfeld – Forsthuber Bühel
Besonderheiten Der Gaisberg ist ein Doppelsummit. Für die Stadt Salzburg ist die Gaisbergspitze ebenfalls der höchste Punkt.

Flachgau

 T2 • 550 Höhenmeter • 9 km • 3 ½ Stunden
Ausgangspunkt Parkplatz in Koppl (740 m)

Vom Parkplatz im Ortszentrum von Koppl Richtung Südwesten auf asphaltierten Wegen in die Gaisbergau. Nach dem Weiler Richtung Süden auf dem hier verlaufenden Arnoweg auf den Klausberg (902 m) und weiter auf dem bewaldeten Ostrücken des Gaisbergs Richtung Westen. Kurz vor der Querung des Gaisbergrundwanderweges führt der mäßig steile Wanderweg an einem Höhlenschacht vorbei. Nach Querung des Rundwanderweges in immer gleichmäßiger Steilheit aus dem Wald heraus und die letzten Meter auf freiem Feld zum Gipfel. Einkehrmöglichkeiten im Gipfelbereich vorhanden. Abstieg wie Anstieg.

Der höchste Punkt von Koppl liegt etwa 4 Meter nordöstlich der Steinsäule, die Salzburgs höchsten Punkt markiert und ist laut Laserscandaten 20 Zentimeter niedriger als dieser. Die Gemeindegrenze verläuft dazwischen hindurch.

Elsbethen Schwarzenberg 1 334 m 3

Ranking 85 Salzburg (119) 7 Flachgau (37)
Koordinaten WGS84: 13,156558 W, 47,760374 N;
BMN M31: 436804,2; 291322,1
Karten BEV: UTM ÖK50 3210 – Hallein;
Kompass: 291 Rund um Salzburg

Summits in der Nähe

34 Ebenau – Schwarzenberg
47 Puch – Schwarzenberg
48 Oberalm – Oberalmberg

T2 • 650 Höhenmeter • 13 km • 4 Stunden

Ausgangspunkt Kurz hinter dem Kreisverkehr in Elsbethen/Glasenbach Richtung Westen nach Ebenau (Wegweiser). Vorbei an der Vorderfager, der Schwaitlalm und dem Gasthof Ramsau. Unmittelbar nach der darauffolgenden Gefällestrecke rechts durch Vordertal nach Obertal und weiter rechts halten bis kurz vor Sommerau (690 m).

Der Schwarzenberg ist als Triple-Summit für Gipfelsammler ein durchaus attraktives Ziel, ist aber ansonsten ein untypischer und selten besuchter Wander- oder Ausflugsberg. Dies wird durch das Nichtvorhandensein von markierten Wanderwegen unterstrichen. Hauptsächlich forstwirtschaftlich und jagdlich genutzt, orientiert sich der Aufstieg daher überwiegend an den zahlreichen Forststraßen und der Baumbestand lässt selten Blicke in das Umland frei.

In seltenen Fällen ist ein Abkürzen entweder weglos oder über Karrenwege möglich. Gute Orientierung und Kartenstudium sind empfehlenswert.

Die Gemeinde Elsbethen teilt sich den Gipfel des Schwarzenbergs mit der Gemeinde Ebenau **34**, wobei der Vermessungsstein (Festpunkt), der auch im SAGISonline erkennbar ist, an der höchsten Stelle des Schwarzenbergs liegt. 155 Meter weiter südlich und 61 Meter niedriger liegt der höchste Punkt der Gemeinde Puch **47** und macht damit den Schwarzenberg zu einem der wenigen Triple-Summits in Salzburg.

4 Anif Goiser Hügel 540 m

Ranking ⛰ 114 Salzburg (119) ⛰ 32 Flachgau (37)
Koordinaten WGS84: 13,05356 W, 47,726779 N;
BMN M31: 429068,8; 287607,1
Karten: BEV: UTM ÖK50 3210 – Hallein;
Kompass: 291 Rund um Salzburg;
Alpenverein: BY22 Berchtesgaden – Untersberg
Summits in der Nähe
  5 Grödig – Salzburger Hochthron
  48 Oberalm – Oberalmberg
  7 Wals-Siezenheim – Krüzersberg

T1 • 90 Höhenmeter • 2 km • 45 Minuten
Ausgangspunkt Neu-Anif, von St. Leonhard kommend Richtung Autobahnauffahrt in Neu-Anif rechts zum Russenfriedhof. Zugang ausgeschildert, aber keine Parkplätze, Anreise am besten mit dem Fahrrad oder Bus, Haltestelle Neu-Anif (450 m).

Ab dem Russenfriedhof Neu-Anif nach Süden zuerst durch ein kurzes Waldstück, weiter steil entweder über eine Treppe zu einem Wasserreservoir, andernfalls links haltend über einen ebenso steilen Waldweg. Achtung: Rutschgefahr, insbesondere bei nassem Laub. Ab dem Reservoir flacher werdend und immer Richtung Süden auf den höchsten Punkt dieses konglomeratischen Inselberges, der von einem markanten Laubbaum gekennzeichnet wird.

5 Grödig Salzburger Hochthron 1 853 m

Ranking	67 Salzburg (119)	2 Flachgau (37)
Koordinaten	WGS84: 13,004749 W, 47,718012 N; BMN M31: 425402,0; 286649,0	
Karten	BEV: UTM ÖK50 3209 Bad Reichenhall, 3210 Hallein; Kompass: 291 Rund um Salzburg; Alpenverein: BY22 Berchtesgaden – Untersberg	

Summits in der Nähe
- 6 Großgmain – Mitterberg
- 7 Wals-Siezenheim – Krüzersberg
- 4 Anif – Goiser Hügel

T3 • 1 390 Höhenmeter • 10 km • 5 Stunden
Ausgangspunkt Parkplatz südlich von Glanegg (465 m)

Steiler und stufenreicher Aufstieg auf den Hausberg der Salzburger mit einer stahlseilversicherten langen Steilstufe nach dem Rosittenbründl. Vom Parkplatz folgt man dem gut ausgebauten Weg bis in die Obere Rositten. Dort geht links der Weg zur Toni-Lenz-Hütte ab, dem man aber nicht folgt. Nach rechts führt der Dopplersteig in die versicherte Felswand (Holz- und in Stein geschlagene Stufen, Stahlseil). Nach dem Steilstück erreicht man in gut 30 Minuten zuerst das Zeppezauerhaus, danach links die Bergstation der Gondel und das Geiereck (1 805 m). Zum Salzburger Hochthron sind es von der Gondel Richtung Südwest rund 10 Minuten auf einer breiten Schotterpiste.

Für den Abstieg empfiehlt sich der Reitsteig. Dazu nach dem Zeppezauerhaus links Richtung Norden halten und über viele Stufen ins Tal.

Als knieschonende Variante für den Abstieg bietet sich die Gondel nach St. Leonhard ab dem Geiereck an. Vom Gipfel des Salzburger Hochthrons bis zur Bergstation sind es circa 15 Minuten. Mit dem Bus Nr. 35 geht es in einer knappen halben Stunde zurück zum Ausgangspunkt nach Fürstenbrunn.

Variante Skitour
WS • beste Zeit: ganzer Winter

Mit den Tourenski entweder von Fürstenbrunn (465 m) oder vom kostenpflichtigen Parkplatz (585 m, einen guten Kilometer ab Fürstenbrunn steil bergauf) der Skiabfahrt vom Untersberg folgend auf den Salzburger Hochthron. Bis zur Schwaigmühl steil, dann flacher werdend.

Großgmain Mitterberg 1 840 m 6

Ranking	69 Salzburg (119)	3 Flachgau (37)

Koordinaten WGS84: 12,975347 W, 47,707645 N;
BMN M31: 423191,0; 285506,0

Karten BEV: UTM ÖK50 3209 Bad Reichenhall,
3210 Hallein; Kompass: 291 Rund um Salzburg;
Alpenverein: BY22 Berchtesgaden – Untersberg

Summits in der Nähe
- 5 Grödig – Salzburger Hochthron
- 7 Wals-Siezenheim – Krüzersberg
- 4 Anif – Goiser Hügel

T3 • 1 200 Höhenmeter • ca. 9 km • 6 Stunden
Ausgangspunkt Bruchhäusl (644 m), östlich von Großgmain kurz vor der Wolfschwang Alm

Schattige Bergwanderung im nordwestlichen Drittel des Plateaus abseits der weit häufiger begangenen Anstiege im Osten und Süden des Untersbergs. Vom Bruchhäusl in mehreren Spitzkehren, im unteren Teil noch entlang des Baches, dann steil durch den Wald, zweimal die forstlichen Erschließungsstraßen querend bis zur verfallenen Vierkaseralm (1590 m). Ab hier wird die Vegetation lichter und es öffnen sich die ersten schönen Tiefblicke durch die Latschen. Dem Weg in südlicher Peilung bis zur Gabelung Richtung Ochsenkopf und Mitterberg folgen. Entweder auf diesem direkt weiter oder in wenigen Minuten den Hirschangerkopf (1769 m) mitnehmen. Über den Ochsenkopf (1780 m) im typischen Auf-und-Ab des Untersbergplateaus auf dem nicht immer klar erkennbaren Steig zum Summit von Großgmain, dem Mitterberg (1840 m), mit großartigen Aussichten. Auf dem Anstiegsweg retour.

Als Variante für den Abstieg bietet sich als eine große, tagesfüllende Rundtour die Untersbergüberschreitung bis zum Salzburger Hochthron **5** und – um die Überschreitung komplett zu machen – bis zum Geiereck, an (T3, 1500 Höhenmeter, ca. 19 km).
Die Charakteristik des Wegverlaufes entspricht der des Anstieges: einsame Wegführung durch Latschen über das Karstplateau des Untersberges, die nicht immer eindeutig

ist. Der Abstieg in die und der Ausstieg aus der Mittagsscharte ist etwas mühsam, aber danach ist der Salzburger Hochthron erreicht. Der Abstieg erfolgt zuerst entlang der Skipiste bis zur Schweigmühl und in weiterer Folge über den Weinsteig bis zur Straße zwischen Fürstenbrunn und Latschenwirt. Abschnittsweise auf oder im Wald neben der Straße auf dem Wanderweg nach links und via Latschenwirt auf dem europäischen Fernwanderweg E4 und Österreichischen Weitwanderweg 04 zurück zum Ausgangspunkt beim Bruchhäusl.

7 Wals-Siezenheim Krüzersberg 596 m

Ranking	111 Salzburg (119)	29 Flachgau (37)
Koordinaten	WGS84: 12,985420 W, 47,747555 N; BMN M31: 423967,1; 289939,9	
Karten	BEV: UTM ÖK50 3209 Bad Reichenhall, 3210 Hallein; Kompass: 291 Rund um Salzburg	

Summits in der Nähe

- 5 Grödig – Salzburger Hochthron
- 6 Großgmain – Mitterberg
- 4 Anif – Goiser Hügel

T2 (wegen der Orientierung im Gipfelnahbereich) • 150 Höhenmeter • ca. 12 km mit dem Rad und weitere 2 km zu Fuß • Gesamtdauer 2 Stunden
Ausgangspunkt Ab Wals (441 m) am besten mit dem Fahrrad auf dem Tauernradweg nach Gois

Die gemütliche kombinierte Rad- und Wandertour führt auf den weitgehend unbekannten Gemeindesummit ganz im Süden des Gemeindegebietes von Wals-Siezenheim an der Grenze zu Grödig. Von Wals fährt man bis Gois auf dem Tauernradweg, nach der Autobahnunterführung rechts und nach 500 Metern gleich wieder links auf den Mozart- und Rund-um-den-Untersberg-Radweg. Nach der Querung des Steinerbaches (Kote 441) nach rechts

(Süden) weg von den markierten Radwegen und bei der nächsten Weggabelung geradeaus weiter, nunmehr stärker ansteigend auf dem Schotterweg in den Wald. Mit dem Rad so weit es geht, dann zu Fuß weiter, gegen Schluss hin weglos. Etwas Orientierungsvermögen, die GPS-Koordinaten und genaue Kartenunterlagen sind zum Auffinden des Gemeindesummits von Wals-Siezenheim nötig. Der Gipfel ist unscheinbar, liegt mitten im Wald und ist nicht markiert. Abstieg wie Anstieg.

Bergheim Hochgitzen 676 m 8

Ranking	109 Salzburg (119)	27 Flachgau (37)	
Koordinaten	WGS84: 13,034591 W, 47,856691 N; BMN M31: 427701,7; 302059,0		
Karten	BEV: UTM ÖK50 3204 Salzburg; Kompass: 291 Rund um Salzburg		

Summits in der Nähe
- 9 Elixhausen – Ursprung
- 28 Hallwang – Heuberg
- 29 Eugendorf – Gottsreith

T2 • 250 Höhenmeter • 9 km • 3 Stunden
Ausgangspunkt Bräuwirt in Lengfelden (435 m), gut mit der Buslinie 15 oder dem Postbus 120 zu erreichen

Von Lengfelden geht es über die Fischach, gleich links und über Dexgitzen, dann an Schwabgitzen vorbei und durch Hintergitzen auf dem Rupertiweg 10 (auch Europäischer Fernwanderweg 10) nach Voggenberg. In Voggenberg rechts auf den landwirtschaftlichen Zufahrtsweg. Am Hof vorbei bis zur Waldgrenze (bis hier auch mit dem Auto möglich, beschränkte Parkmöglichkeiten). Dem Waldweg (Traktorspuren) bis zum höchsten Punkt des Hochgitzen folgen. Der bewaldete Gipfel wird von einem Sendemast gekrönt. Für den Rückweg bietet sich eine Runde um den Hochgitzen an. Dazu auf gleichem Weg retour zum landwirtschaftlichen Weiler Hochegg, am Gehöft vorbei und über die Wiese den Rücken entlang nach Norden zum Wegkreuz. Auf der schmalen Straße nach Hainach und durch den Hainachgraben nach Viehausen. Durch die Unterführung unter der Mattseer Landesstraße und entlang der Fischach am Kloster Maria Sorg vorbei zurück zum Ausgangspunkt nach Lengfelden.

9 Elixhausen Ursprung 586 m

Ranking	112 Salzburg (119)		30 Flachgau (37)

Koordinaten WGS84: 13,073036 W, 47,890604 N;
BMN M31: 430591,6; 305819,2

Karten BEV: UTM ÖK50 3204 Salzburg;
Kompass: 291 Rund um Salzburg

Summits in der Nähe
- 10 Seekirchen – Obermödlham
- 8 Bergheim – Hochgitzen
- 13 Obertrum – Haunsbergrücken

T1 • 200 Höhenmeter • 8,5 km • 2 Stunden
Achtung kein Gehweg an der Landesstraße
Ausgangspunkt Ortszentrum von Elixhausen

Vom Ortszentrum Richtung Norden auf asphaltierter Straße Richtung Seekirchen durch Girling, in Dürnberg links und nach der Häusergruppe rechts durch den Wald bis Wies. In Wies bei der Zimmerei links bis zum Park&Ride-Parkplatz an der Mattseer Landesstraße. Ab hier nun – Vorsicht – direkt an der Landesstraße entlang 200 Meter weiter nach Norden. Auf Höhe des Beginns des Waldstückes (kleiner Graben, Gemeindegrenze zwischen Elixhausen und Seekirchen) entlang des Grabens rechts ab. Der höchste Punkt ist eine unscheinbare Kuppe in der

Südwestecke des kleinen Waldstücks und nicht markiert (siehe Foto, GPS-Ortung notwendig).

Retour in gemütlichem Auf und Ab durch die Flachgauer Moränenlandschaft am besten auf Höhe des P&R-Parkplatzes über die Mattseer Landesstraße am Umspannwerk der APG vorbei nach Wolfzagl, hier links und in Hained wieder links. Vor dem weitläufigen Schulgelände der Landwirtschaftsschule Ursprung rechts auf den Schotterweg, zuerst kurz bergauf, dann bergab an der Quelle und den Fischteichen vorbei, und in der Senke „bei der Mühle" an der Kreuzung links auf der Asphaltstraße zurück bergauf zum Ausgangspunkt.

Seekirchen **Wiese in Obermödlham** 617 m **10**

Ranking	110 Salzburg (119)	28 Flachgau (37)	
Koordinaten	WGS84: 13,043514 W, 47,915335 N;		
	BMN M31: 428394,1; 308577,0		
Karten	BEV: UTM ÖK50 3204 Salzburg;		
	Kompass: 291 Rund um Salzburg		

Summits in der Nähe
- **13** Obertrum – Haunsbergrücken
- **9** Elixhausen – Ursprung
- **14** Anthering – Haunsberg
- **15** Nußdorf – Haunsberg

 **T1 • 200 Höhenmeter • 20 km • 2 Stunden**
Ausgangspunkt Stadtzentrum von Seekirchen (512 m)

Von Seekirchen auf dem St.-Rupert-Pilgerweg (nicht zu verwechseln mit dem Ruperti-Weitwanderweg) leicht ansteigend auf der Gemeindestraße über Waldprechting und Bruderstatt über die Mattseer Landesstraße. Weiter Richtung Westen über Krimpelstätten und geradeaus weiter nach Hamberg (mit einer kurzen Schiebestrecke durch den Wald) bis Obermödlham tendenziell bergauf in den äußersten Nordwesten des Gemeindegebietes von Seekirchen. In Obermödlham rechts und nach 350 Metern im Wald links kurz steil bergauf bis zum ersten Gehöft. Von der Hofeinfahrt sind es dann exakt 95 Meter rechts (genau nach Westen) in die Wiese. Achtung: Landwirtschaftlicher Privatgrund, ein kurzes Gespräch mit dem Grundeigentümer wird nahegelegt. Je nach Saison ist der Summit von Kühen beweidet. Der höchste Punkt ist nicht markiert (GPS-Koordinaten erforderlich).

Rückweg in munterem Auf und Ab durch das Flachgauer Alpenvorland über Mödlham – allenfalls den Gemeindesummit von Elixhausen 9 mitnehmend – und Wies nach Seekirchen.

11 Seeham bei Lina 683 m

Ranking	108 Salzburg (119)	26 Flachgau (37)	
Koordinaten	WGS84: 13,026050 W, 47,960825 N; BMN M31: 427109,1; 313640,1		
Karten	BEV: UTM ÖK50 3204 Salzburg; Kompass: 291 Rund um Salzburg		

Summits in der Nähe

- 12 Berndorf – Linde am Thurn
- 21 Göming – Wachtberg
- 20 Lamprechtshausen – Wasserturm

T1 • 200 Höhenmeter • 12 km • 3 ½ Stunden
Ausgangspunkt Ortszentrum von Seeham (506 m)

Südlich des Pfarrgrabenbaches im Ortszentrum in die Wiesenbergstraße und kurz danach rechts in den Pfarrgraben Richtung Talacker/Hochseilpark. Von dort zuerst über einen schmalen Wanderweg, später auf einer einspurigen Asphaltstraße durch die Weiler Moos, Hub und Lina immer Richtung Westen bergauf. Nach dem Überqueren der Kammstraße zwischen Kaiserbuche und Berndorf geradeaus in die kleine forstwirtschaftliche geschotterte Stichstraße. Auf dieser entlang des Waldes, dann in den Wald hinein und weglos am besten dem GPS folgend auf den nicht markierten Summit ganz im

Westen des Seehamer Gemeindegebietes. Dieser befindet sich mitten im Wald, kurz vor dem relativ steilen Abbruch des Haunsbergrückens Richtung Westen.

Der Rückweg führt wieder nach Hub, dort nach rechts und auf der Straße Richtung Süden nach Innerwall, links bergab und durch den spannenden Teufelsgraben zurück zum Ausgangspunkt.

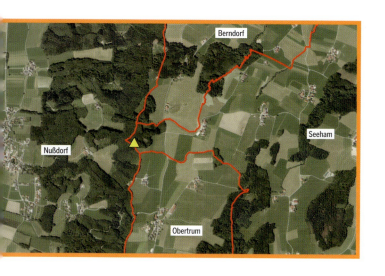

Berndorf Linde am Thurn 687 m 12

Ranking	107 Salzburg (119)	25 Flachgau (37)
Koordinaten	WGS84: 13,030167 W, 47,978131 N; BMN M31: 427424,1; 315563,2	
Karten	BEV: UTM ÖK50 3204 Salzburg; Kompass: 291 Rund um Salzburg	

Summits in der Nähe
- 11 Seeham – bei Lina
- 20 Lamprechtshausen – Wasserturm
- 21 Göming – Wachtberg

T1 • 180 Höhenmeter • 8 km • 2 ½ Stunden
Ausgangspunkt Berndorf Ortszentrum (550 m)

Von Berndorf Richtung Südwesten – Karellen und nach Westen durch Oberkarellen auf den Wanderweg B3. Von hier durch die Weiler Stadl und Maierhof teilweise auf Wiesenwegerln nach Mangerberg. Hier nach rechts (Westen) und am Waldrand zu dem bereits gut sichtbaren Naturdenkmal „Linde am Thurn", dem Berndorfer Summit. Schöner Aussichts- und Verweilpunkt. Dazu lädt auch die Berndorfer Wiegeliege ein. Zurück geht es entweder auf demselben Weg oder entlang der Straße über Höpfling nach Berndorf.

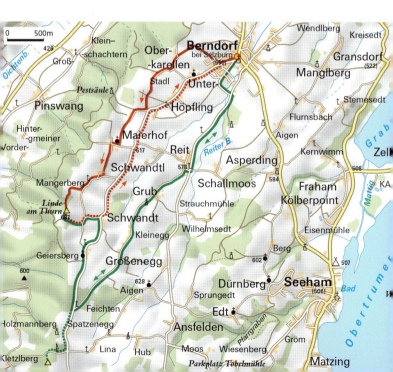

Variante Radtour Von Berndorf über Reit, Grub und Großenegg zum Wegkreuz kurz vor Spatzenegg. Ein kurzer Abstecher ermöglicht das Mitnehmen des Seehamer Summits 11 , ansonsten scharf nach rechts und leicht bergab durch Schwandt und gleich danach links bergauf nach Kalchgrub. In der Häusergruppe nach links und am Waldrand und zum Schluss über die Wiese zum Berndorfer Summit (11 km, 1 Stunde).

13 Obertrum Haunsbergrücken beim Wurzelthron 800 m

Ranking	102 Salzburg (119)	21 Flachgau (37)	

Koordinaten WGS84: 13,007144 W, 47,921256 N;
BMN M31: 425678,3; 309246,4
Karten BEV: UTM ÖK50 3204 Salzburg;
Kompass: 291 Rund um Salzburg

Summits in der Nähe
- 14 Anthering – Haunsberg
- 15 Nußdorf – Haunsberg
- 10 Seekirchen – Obermödlham
- 21 Göming – Wachtberg

T2 • 320 Höhenmeter • als kombinierte Rad- und Wandertour 16 km Rad plus knappe 2 km Wanderung • Gesamtfahr- und -gehzeit 2 ½ Stunden
Ausgangspunkt Obertrum Ortszentrum (511 m)

Vom Ortszentrum Obertrum Richtung Westen auf der Kirchstättstraße mit dem Rad bergauf in die Huberbergstraße bis Hohengarten. Ein kurzer Abstecher an der Abzweigung nach links erlaubt es uns, den Summit von Seekirchen (10, knappe 2 km extra) mitzunehmen. Die letzten circa 100 Meter in die Wiese sind dabei zu Fuß zurückzulegen. GPS nicht vergessen! Weiter mit dem Rad nach Südwesten bis Mühlbach und dann bissig steil über Kreit nach Dorfleiten. Ab hier wieder flacher werdend und auf der gut befahrbaren Straße in zwei Serpentinen bis zum Gasthof Kaiserbuche.

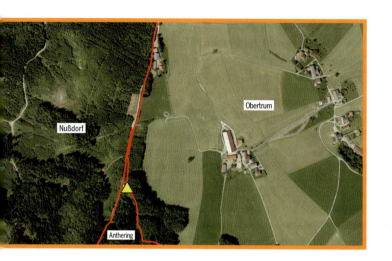

Vom Parkplatz beim Gasthof Kaiserbuche dann zu Fuß auf breiter Schotterstraße Richtung Süden zum Wurzelthron am Schnittpunkt der Gemeindegrenzen von Obertrum, Nußdorf und Anthering. Obertrum ist eine der wenigen Gemeinden, bei denen der höchste Punkt kein Gipfel ist. In diesem Fall steigt der Haunsberg noch gut 35 Meter weiter an und der höchste Punkt von Obertrum liegt auf dem nördlichen Rücken dieses Anstiegs.

 Dieser Summit liegt am Weg zum Gipfel des Haunsberges, der der höchste Punkt der beiden Gemeinden Anthering und Nußdorf am Haunsberg **14** **15** ist. Bei dieser Tour, wie auch bei der Tour von Nußdorf, lohnt sich ein Besuch der 2018 eröffneten Sternwarte des Hauses der Natur.

Anthering Haunsberg 835 m 14

Ranking 99 Salzburg (119) 18 Flachgau (37)
Koordinaten WGS84: 12,996640 W, 47,914899 N;
BMN M31: 424890,2; 308542,8
Karten BEV: UTM ÖK50 3203 Freilassing, 3204 Salzburg;
Kompass: 291 Rund um Salzburg

Summits in der Nähe

15 Nußdorf – Haunsberg
13 Obertrum – Haunsbergrücken
10 Seekirchen – Obermödlham

T2 • kombinierte Rad- und Wandertour ab Anthering mit 430 Höhenmetern • 16 km • gesamt 3 ½ Stunden
Ausgangspunkt Anthering Ortszentrum (423 m)

Vom Ausgangspunkt zum Aufwärmen flach nach Acharting und dann bergauf nach Mitterstätt. Von hier den landwirtschaftlichen Güterwegen nach Nordwesten folgen. Dabei nach Adelsberg in den Wald (Europäischer Fernwanderweg E10). Allfällige Radfahrverbote beachten und zu Fuß weiter. Bei der zweiten Abzweigung links halten und nach einem leichten Gefälle von Westen her auf einem Waldweg auf den Gipfel des Haunsberges. Der Festpunkt (die Steinsäule) scheint nach den Laserscandaten von 2016 nicht auf dem höchsten Punkt des Haunsberges zu stehen. Der Nußdorfer höchste Punkt liegt 10 Meter weiter östlich und ist 5 cm höher, der Antheringer noch 5 Meter weiter östlich und ist 4 cm höher.

Variante: Mit einem Abstecher entlang des Rückens lässt sich von hier der Summit von Obertrum 13 mitnehmen.

Nußdorf am Haunsberg **Haunsberg** 835 m **15**

Ranking	99 Salzburg (119)	18 Flachgau (37)
Koordinaten	WGS84: 12,996579 W, 47,914880 N; BMN M31: 424885,6; 308540,7	
Karten	BEV: UTM ÖK50 3203 Freilassing, 3204 Salzburg; Kompass: 291 Rund um Salzburg	

Summits in der Nähe

- **14** Anthering – Haunsberg
- **13** Obertrum – Haunsbergrücken
- **10** Seekirchen – Obermödlham

T2 • 440 Höhenmeter • 12 km • 4 Stunden
Ausgangspunkt Lokalbahnhaltestelle Nußdorf/Weitwörth (398 m)

Von der Lokalbahnhaltestelle unter der Landesstraße hindurch und nach 600 Metern links zum Schloss Weitwörth. Beim Weiler Schröck rechts und die Nußdorfer Straße querend nach Schlössl und St. Pankraz. Am oberen Ende der Siedlung beginnt der beschilderte Wanderweg zur Kaiserbuche. Mitunter steil, teilweise an der Straße und über Wiesenwege erreicht er leicht nördlich der Kaiserbuche den Höhenrücken des Haunsberges. Vom Parkplatz beim Gasthof Kaiserbuche auf breiter Schotterstraße Richtung Süden zum Wurzelthron, dem Summit von Obertrum **13**. Weiter Richtung Süden bei der Austro-Control-Radaranlage vorbei. Nach weiteren 200 Metern ist es am einfachsten, dem schräg links abzweigenden, je nach Saison mehr oder weniger stark verwachsenen Wiesenweg direkt auf dem breiten Rücken des Haunsberges bis zum Gipfel (Steinsäule) zu folgen. Der Weg ist zu Beginn noch etwas feucht, wird aber gegen Ende zu einem festen Waldweg.

Der Abstieg – quasi zu einer Haunsbergüberschreitung – führt über Adelsberg und Reitbach mit Ziel Lokalbahnhof Acharting. Der Haunsberg ist als Doppelgipfel (mit Anthering 14) und dem auf dem Weg liegenden Summit von Obertrum 13 ein äußerst ertragreicher Ausflug.

Voralpentour zu acht Summits

 T2 • kombinierte Rad- und Wandertour • Radstrecke ca. 60 km • Fußweg ca. 7 km • gesamt 8 Stunden
Ausgangspunkt Lokalbahnhof Bergheim

Für diese Tour zu den Summits von Bergheim, Elixhausen, Seekirchen, Seeham, Berndorf, Obertrum, Anthering und Nußdorf (8–15) radelt man vom Bahnhof zuerst durch Bergheim nach Voggenberg. In Voggenberg biegt man rechts auf den landwirtschaftlichen Zufahrtsweg. Am Hof vorbei bis zur Waldgrenze (Ende der Radstrecke). Dem Waldweg (Traktorspuren) bis zum höchsten Punkt des Hochgitzens 8 beim Sendemast folgen. Nach dem Abstieg mit dem Rad weiter retour nach Voggenberg, entlang des Ragginger Sees nach Ursprung. An der Mattseer Landesstraße links zum P&R-Parkplatz.

Ab hier nun – Vorsicht – direkt an der Mattseer Landesstraße entlang 200 Meter weiter nach Norden. Am Beginn des Waldstückes (kleiner Graben, Gemeindegrenze) rechts ab. Der höchste Punkt von Elixhausen 9 ist eine unscheinbare Kuppe in diesem kleinen Waldstück und nicht markiert. GPS-Ortung notwendig.

Retour zum P&R-Parkplatz, nach Westen über die Mattseer Landesstraße durch Mödlham, nach Mödlham im Wald links bis zum Wegkreuz bei der Kote 555, hier rechts Richtung Obermödlham und nach 300 Metern links entlang des Waldstreifens bergauf zu den zwei weithin

sichtbaren Bauernhöfen. Um den ersten rechts herum und auf dem Schotterweg an der Kapelle vorbei und von dort zu Fuß nach links in die Wiese auf den Summit von Seekirchen (10, GPS-Ortung notwendig). Anschließend wieder zurück zum Rad.

Nun Richtung Nordosten weiter über einen schmalen asphaltierten Wirtschaftsweg (Fahrverbotstafel) in knapp 300 Metern und 20 Höhenmetern auf die asphaltierte Straße im Wald, dort links nach Hohengarten (Biobauernhofladen Joglbauer). Weiter über Schörgstätt und Neuhäusl immer in leichtem Auf und Ab und stets auf asphaltierten Nebenstraßen nach Absmann und nach weiteren etwa 800 Metern zu der kleinen Abzweigung. Nach links zu Fuß in die kleine forstwirtschaftliche Stichstraße. Ab hier zuerst entlang des Waldes, dann in den Wald und von dort weglos am besten dem GPS folgend auf den nicht markierten Summit ganz im

Westen von Seeham 11 mitten im Wald, kurz vor dem relativ steilen Abbruch Richtung Westen.
Wieder zurück beim Rad auf der Straße nach links (Norden), die hier ein Teil des europäischen Pilgerweges Via Nova ist, bis Schwand, dort nach links durch den kleinen Weiler und mit dem Rad bis auf den Summit von Berndorf, der weithin sichtbaren Linde am Thurn 12.
Nun auf gleichem Weg retour, an der Abzweigung zum Seehamer Summit vorbei bis Webersdorf, hier nun geradeaus durch Doppl und Au bis zum Gasthof Kaiserbuche. Zu Fuß weiter auf die Summits von Obertrum (13, GPS-Ortung), Anthering 14 und Nußdorf 15. Dazu einfach dem breiten Weg bis zum Haunsberggipfel folgen. Dann wieder zurück zum Gasthof Kaiserbuche.
Über Dorfleiten und Würzenberg lange bergab nach Acharting und auf dem Radweg retour zum Ausgangspunkt beim Lokalbahnhof Bergheim.

16 Oberndorf Wasserreservoir Maria Bühel 445 m

Ranking	119 Salzburg (119)	37 Flachgau (37)	
Koordinaten	WGS84: 12,927406 W, 47,950289 N;		
	BMN M31: 419735,9; 312502,9		
Karten	BEV: UTM ÖK50 3203 Freilassing;		
	Kompass: 291 Rund um Salzburg		

Summits in der Nähe

21 Göming – Wachtberg
17 Bürmoos – Wasserturm in Laubschachen
20 Lamprechtshausen – Wasserturm

Bürmoos Wasserturm in Laubschachen 451 m **17**

Ranking	118 Salzburg (119)	36 Flachgau (37)	
Koordinaten	WGS84: 12,918657 W, 47,991194 N;		
	BMN M31: 419107,1; 317054,6		
Karten	BEV: UTM ÖK50 3203 Freilassing;		
	Kompass: 291 Rund um Salzburg		

Summits in der Nähe
- 18 St. Georgen – Wasserturm bei Krögn
- 20 Lamprechtshausen – Wasserturm
- 16 Oberndorf – Wasserreservoir Maria Bühel

18 St. Georgen Wasserturm bei Krögn 470 m

Ranking	117 Salzburg (119)	35 Flachgau (37)	

Koordinaten WGS84: 12,930273 W, 48,025469 N;
BMN M31: 419994,3; 320861,2
Karten BEV: UTM ÖK50 3327 Burghausen;
Kompass: 291 Rund um Salzburg

Summits in der Nähe

17 Bürmoos – Wasserturm in Laubschachen
20 Lamprechtshausen – Wasserturm
19 Dorfbeuern – Lielonberg

Dorfbeuern Lielonberg 569 m 19

Ranking	113 Salzburg (119)	31 Flachgau (37)

Koordinaten WGS84: 13,032062 W, 48,027115 N;
BMN M31: 427587,0; 321009,1

Karten BEV: UTM ÖK50 3328 Mattighofen;
Kompass: 291 Rund um Salzburg

Summits in der Nähe
- 13 Obertrum – Haunsbergrücken
- 20 Lamprechtshausen – Wasserturm
- 14 Anthering – Haunsberg
- 15 Nußdorf – Haunsberg

20 Lamprechtshausen Wasserturm Oberholz 503 m

Ranking	115 Salzburg (119)	33 Flachgau (37)	

Koordinaten WGS84: 12,977393 W, 47,981620 N;
BMN M31: 423485,7; 315967,8

Karten BEV: UTM ÖK50 3203 Freilassing;
Kompass: 291 Rund um Salzburg

Summits in der Nähe
- 21 Göming – Wachtberg
- 12 Berndorf – Linde am Thurn
- 11 Seeham – bei Lina

Göming Wachtberg 501 m 21

Ranking	116 Salzburg (119) 34 Flachgau (37)
Koordinaten	WGS84: 12,978808 W, 47,953537 N; BMN M31: 423577,3; 312845,2
Karten	BEV: UTM ÖK50 3203 Freilassing; Kompass: 291 Rund um Salzburg

Summits in der Nähe

- 20 Lamprechtshausen – Wasserturm
- 11 Seeham – bei Lina
- 16 Oberndorf – Wasserreservoir Maria Bühel

Sechs auf einen Streich – West

T1 • leichte Rad- und Wandertour • Radstrecke ca. 45 km • Fußweg 3 km
Ausgangspunkt Lokalbahnhof Oberndorf (399 m)

Die Gemeindesummits von Oberndorf, Bürmoos, St. Georgen, Dorfbeuern, Lamprechtshausen und Göming (16–21) lassen sich gut zu einer Radtour verbinden:
Ausgangspunkt dafür ist der Lokalbahnhof Oberndorf, hier geht es Richtung Brücke nach Laufen, vor der Brücke nach rechts (Norden) auf den Salzachradweg/Tauernradweg. Etwa 400 Meter nach der Stille-Nacht-Kapelle beim Europasteg nach rechts ab auf den Arnoweg und knapp über einen Kilometer nach Maria Bühel. Vom Parkplatz der Wallfahrtskirche Maria Bühel geht man in weniger als fünf Minuten an der Wallfahrtskirche links vorbei auf das zum Teil eingeschüttete und begrünte Wasserreservoir. Der Gemeindesummit von Oberndorf **16** ist der niedrigste aller 119 Gemeindesummits im Bundesland Salzburg. Dennoch verfügt er über eine schöne Aussicht Richtung Süden über das Salzburger Becken.
Von Maria Bühel kurz auf dem Radweg der L205 und über Aglassing und Stierling nach Bürmoos. Durch den Ort leicht bergan und durch Siedlungsgebiet nach Laubschachen. Der Wasserturm und der höchste Punkt befinden sich in der Hödlwaldgasse. Es ist der wahrscheinlich am einfachsten zu erklimmende Gemeindesummit. Der Wasserturm von Bürmoos **17** steht mitten im Siedlungsgebiet

des Ortsteiles Laubschachen und der höchste Punkt liegt leicht südlich davon. Mit 451 Metern Seehöhe ist dies auch der zweitniedrigste Gemeindesummit und der westlichste der Flachgauer Summits. Außerdem liegt er auch noch am nächsten zum tiefsten natürlichen Punkt im Bundesland Salzburg. Dieser befindet sich knapp 4,5 km westlich auf St. Georgener Gemeindegebiet am Ausfluss der Salzach nach Oberösterreich auf 377,5 Meter Seehöhe.

Auch die drei nächstgelegenen Gemeindesummits von St. Georgen **18**, Lamprechtshausen **20**, und Oberndorf **16** sind von Wassertürmen oder -reservoirs gekrönt.

Von Bürmoos geht es nun weiter nach Norden und auf dem R 202, dem Moorseenradweg, über Moospirach und Roding nach Holzhausen im Norden des Gemeindegebietes von St. Georgen. In dem Weiler tendenziell links-rechts-links haltend und auf der asphaltierten, einspurigen Straße durch Krögn leicht bergan steigend und 500 Meter Richtung Nordwesten zum von Weitem sichtbaren Wasserturm. Der Gemeindesummit von St. Georgen 18 ist der zweitnördlichste im Bundesland. Nur jener von Dorfbeuern liegt noch um 147 Meter weiter nördlich.

Von Krögn retour nach Holzhausen und auf dem R 202 nach Maxdorf. Weiter über Stockham nach Dorfbeuern und Michaelbeuern (Benediktinerstift). Nach Norden leicht ansteigend Richtung Schönberg und in einer markanten Rechtskurve (S. 63) durch Unterlielon zu einem scharf nach links abzweigenden Feldweg. Auf dem Feldweg ist eine Weiterfahrt mit dem Mountainbike noch möglich. Dem Wiesenweg nach Osten 410 Meter folgen. Kurz vor dem Waldrand, auf Höhe des linkerhand befindlichen Hochsitzes, im rechten Winkel nach rechts (Süden) abbiegen und nach weiteren 100 Metern auf den angedeuteten höchsten Punkt, den Lielonberg 19. Vorsicht: Der höchste Punkt befindet sich auf landwirtschaftlicher Wiesenfläche. Um vorausschauende Terminwahl beim Aufsuchen dieses Summits und Rücksicht beim Betreten der Wiese wird ersucht (GPS-Ortung notwendig). Der Lielonberg ist der nördlichste Gemeindesummit im Bundesland Salzburg. Der nördlichste Punkt des Bundeslandes Salzburg befindet sich nur 1,7 Kilometer weiter nördlich, 300 Meter westnordwestlich der L 221 von Thalhausen nach Oichten (GPS 13,042170 W und 48,041453 N).

Vom Lielonberg geht es zurück nach Michaelbeuern, bergab auf die L 205 Richtung Westen und Lamprechtshausen. Nach einem guten Kilometer beim Beginn des Waldstücks links ab und über Gresenberg nach Riedlkam. Durch Riedlkam gerade hindurch und nach einem guten Kilometer in der markanten Rechtskurve zwischen Riedlkam und Arnsdorf befindet sich linkerhand, leicht hinter Bäumen versteckt, der schon etwas ältere Wasserturm von Oberholz und somit der höchste Punkt von Lamprechtshausen [20].

Von hier geht es dann weiter Richtung Südwesten, Arnsdorf. Auf der Höhe Schmieden, Straßerwirt, links ab und über Reinberg und Bulharting zur Kreuzung mit dem Europäischen Fernwanderweg E10. Nach einer kleinen links-rechts-Kombination durch die hübsche Allee (S. 65) und das landwirtschaftliche Gehöft auf dem dann geschotterten Weg zur Abzweigung – nach links – auf den Waldweg. Von hier zu Fuß weiter durch eine leichte Senke in den Wald. Auf dem Waldweg gemütlich bergan Richtung Osten und mit guter Orientierung, Gefühl und den GPS-Koordinaten auf den unmarkierten, bewaldeten höchsten Punkt von Göming ([21], hin und retour 45 Minuten).

Mit dem Rad dann wieder weiter Richtung Süden (links) auf die Landesstraße zwischen Oberndorf und Nußdorf und entlang dieser zurück zum Ausgangspunkt beim Lokalbahnhof Oberndorf.

22 Mattsee Buchberg 801 m

Ranking 101 Salzburg (119) 20 Flachgau (37)
Koordinaten WGS84: 13,108632 W, 47,953698 N;
BMN M31: 433274,0; 312826,2
Karten BEV: UTM ÖK50 3204 Salzburg;
Kompass: 291 Rund um Salzburg
Summits in der Nähe
  11 Seeham – bei Lina
  23 Schleedorf – Tannberg
  10 Seekirchen – Obermödlham

T2 • 300 Höhenmeter • 8 km • 3 Stunden
Ausgangspunkt Ortszentrum von Mattsee (506 m)

Vom Marktplatz Mattsee wandert man über die Münsterholzstraße und den Buchbergweg unter der Straße hindurch nach Gaisberg. Auf dem markierten Wanderweg direkt Richtung Süden und stetig bergauf auf den Buchberg (Aussichtsturm, Naturpark).

Abstieg kurz Richtung Süden zum Gasthof Alpenblick in Wallmannsberg. Von dort geht es Richtung Norden auf dem Wanderweg M3 nach Voglhütte, hier rechts und über die Landesstraße zwischen Mattsee und Schleedorf nach Obernberg. Am Yacht-Werk Schöchl vorbei nach Obernberg und nach der Siedlung links ab am Waldrand Richtung Mattsee. An der Mattseer Goldküste nach links zurück zum Ausgangspunkt.

23 Schleedorf Tannberg 786 m

Ranking	103 Salzburg (119)	22 Flachgau (37)

Koordinaten WGS84: 13,190191 W, 47,973490 N;
BMN M31: 439370,1; 315011,8

Karten BEV: UTM ÖK50 3204 Salzburg;
Kompass: 291 Rund um Salzburg

Summits in der Nähe
- 24 Köstendorf – östlicher Tannbergrücken
- 25 Straßwalchen – Irrsberg
- 22 Mattsee – Buchberg

T1 • 170 Höhenmeter • 12 km • 1½ Stunden
Ausgangspunkt Ortszentrum Schleedorf (616 m)

Die Radtour startet vom Hauptort Schleedorf und führt auf die Landesstraße. Dort rechts und auf dem Radweg, der an der Landesstraße entlangführt rund 500 Meter nach Osten. In Lengried zuerst links nach Wallsberg, dann wieder rechts in leichtem Gefälle nach Berg auf Köstendorfer Gemeindegebiet und anschließend wieder links zur Kote 666.

Von hier nun 120 Höhenmeter bergauf an der Zufahrtsstraße bis circa 150 Meter vor dem Gasthaus Tannberg. Mitten im Wald beginnt die Straße Richtung Gasthaus wieder leicht zu fallen. Der höchste Punkt von Schleedorf

ist am Kulminationspunkt auf der linken Straßenseite. GPS-Koordinaten beachten.

Die Tour lässt sich gut mit dem Gemeindesummit von Köstendorf `24` kombinieren. Der Tannberg ist insofern ein interessanter Berg, als hier neben dem Gemeindesummit von Schleedorf (der tatsächlich höchste Punkt des Tannbergs) eben auch noch der Gemeindesummit von Köstendorf sowie der höchste Punkt des Bezirkes Braunau (Oberösterreich) liegen, jedoch jeder Punkt an einer anderen Stelle.

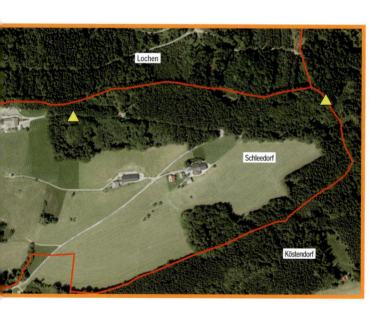

Köstendorf östlicher Tannbergrücken 745 m 24

Ranking	105 Salzburg (119)	24 Flachgau (37)	
Koordinaten	WGS84: 13,199195 W, 47,973901 N; BMN M31: 440042,5; 315056,5		
Karten	BEV: UTM ÖK50 3204 Salzburg; Kompass: 291 Rund um Salzburg		

Summits in der Nähe

- 23 Schleedorf – Tannberg
- 25 Straßwalchen – Irrsberg
- 22 Mattsee – Buchberg

Flachgau

T1 • kombinierte Rad- und Wandertour mit 180 Höhenmetern • 7 km, davon 6 mit dem Rad und 1 zu Fuß • Gesamtzeit 1 ½ Stunden Ausgangspunkt Ortszentrum Köstendorf

Vom Dorfplatz über die Untere Dorfstraße und die Enhartinger Straße durch Vogltenn nach Tannham. In Tannham nach rechts (bergauf) und vor dem Wald links zu einem Bildbaum. Ab hier zu Fuß zuerst noch auf dem markierten Wanderweg Richtung Tannberg, für die Feinsuche mit den GPS-Koordinaten durch den Wald zum höchsten Punkt von Köstendorf, eine schlanke Eisenstange im Wald.
Lässt sich gut mit dem Gemeindesummit von Schleedorf 23 kombinieren.

Straßwalchen Irrsberg 844 m 25

Ranking	98 Salzburg (119)	17 Flachgau (37)

Koordinaten WGS84: 13,273692 W, 47,956631 N;
BMN M31: 445603,1; 313129,1

Karten BEV: UTM ÖK50 3204 Salzburg;
Kompass: 291 Rund um Salzburg

Summits in der Nähe
24 Köstendorf – östlicher Tannbergrücken
23 Schleedorf – Tannberg
26 Neumarkt – Lehmberg

T2 • 300 Höhenmeter • 6 km • 2 ½ Stunden
Ausgangspunkt Bahnhof Straßwalchen (538 m)

Vom Bahnhof Straßwalchen wandert man die Westbahnstraße und die Sportplatzstraße Richtung Südosten. Nach den Sportanlagen rechts ab in die Finsterlochstraße zur Hubertuskapelle (1,5 km). Von der Hubertuskapelle auf der Schotterstraße Richtung Süden in den Wald. Im Wald nicht nach links, sondern geradeaus auf den Karrenweg (leichte Markierungen erkennbar). Diesem etwa zwei Drittel des Gesamtweges folgen, bis er auf den von Großstadlberg heraufführenden Wanderweg N4 (Forststraße) trifft. Auf diesem nun nach links bis zum betonierten Gipfelplateau. Abstieg als Rundtour über den Weg N4 über das Gehöft Hofstätter zum Bahnhof Straßwalchen Steindorf.

Neumarkt Lehmberg 1 027 m 26

Ranking	94 Salzburg (119)	14 Flachgau (37)
Koordinaten	WGS84: 13,264194 W, 47,892250 N; BMN M31: 444887,0; 305971,3	
Karten	BEV: UTM ÖK50 3204 Salzburg; Kompass: 291 Rund um Salzburg	

Summits in der Nähe
- 27 Henndorf – Große Plaike
- 25 Straßwalchen – Irrsberg
- 31 Thalgau – Schober
- 32 Fuschl – Schober

T2 • Rundtour mit Lehmberg und Großer Plaike • 450 Höhenmeter • 13,5 km • 5 Stunden

Ausgangspunkt Parkplatz Jägerwiese (624 m)

Von der Jägerwiese aus führt der Weg N2 entlang des Klausbaches bis zu einer Weggabelung. Links auf dem N2 vorbei an zwei Marterln. Die Geschichten auf den Tafeln machen die Wanderung kurzweilig. Beim Kolomannstaferl nach rechts auf dem Weg N6, der auf den Lehmberg 26 führt. GPS-Ortung für den Summit notwendig. Dieser ist unscheinbar und nicht markiert. Auf die Große Plaike 27 geht es dann geradeaus weiter, beim Gardekreuz links auf dem Rücken bleibend zum Heimkehrerkreuz und von dort in 10 Minuten auf den markierten Gipfel. Wer die Große Plaike nicht mitnimmt, geht ab dem

Gardekreuz die Forststraße N2 leicht bergab und erreicht auf etwa halber Höhe des direkten Abstieges zur Ruine Lichtentann eine der Schautafeln des Eiszeit-Rundweges. Von hier dann rechts bergab und entlang der Straße nach rechts rund 2 Kilometer zurück zur Jägerwiese. Ein kurzer Abstecher zur Ruine Lichtentann rundet die Geschichten entlang des Weges ab.

27 Henndorf Große Plaike 1 034 m

Ranking	93 Salzburg (119)	13 Flachgau (37)	

Koordinaten WGS84: 13,236234 W, 47,884925 N;
BMN M31: 442795,0; 305159,1

Karten BEV: UTM ÖK50 3204 Salzburg;
Kompass: 291 Rund um Salzburg

Summits in der Nähe

26 Neumarkt – Lehmberg
30 Plainfeld – Forsthuber Bühel
25 Straßwalchen – Irrsberg

T2 • 400 Höhenmeter • 5,5 km • 2 Stunden
Ausgangspunkt Weiler nördlich der Ruine Lichtentann entlang der Straße (634 m)

Ab dem Parkplatz folgt man dem Weg 37 (Eiszeit-Rundweg) bis zum Henndorfer Heimkehrerkreuz auf 995 Meter Seehöhe. Von dort nach rechts auf den Weg 830 – markiert mit einem blauen Punkt – und etwas steiler ansteigend durch den Wald bis zum ebenfalls bewaldeten Gipfel. Diese Tour lässt sich ideal kombinieren mit einem Abstecher zum Lehmberg **26**, dem Summit von Neumarkt, und verlängert sich dadurch um eine gute Stunde.

Sechs auf einen Streich – Ost

T2 • lange und konditionell fordernde kombinierte Rad- und Wandertour • gesamt 1700 Höhenmeter (davon 800 zu Fuß) • 55 km mit dem Fahrrad und 16 km zu Fuß

Diese Radtour erschließt in einer Tagesradtour die Gemeindesummits von Mattsee, Schleedorf, Köstendorf, Straßwalchen, Neumarkt und Henndorf (22–27). Der Start kann entlang der Strecke beliebig gewählt werden. Die Beschreibung beginnt in Obertrum. Ab Obertrum startet man mit dem Rad in Richtung Mattsee und vor Außerhof geht es rechts ab Richtung Buchberg. Die knapp 300 Höhenmeter sind verkehrsarm und auf schmalen, durchwegs asphaltierten Straßen angelegt. Orientierung immer Richtung Gasthof Alpenblick und Buchberg. Ab dem Gasthof Alpenblick nun zu Fuß weiter auf den Buchberg **22**. Vom Parkplatz beim Gasthof Alpenblick führt ein Netz von Wanderwegen durch, in und um den Naturpark Buchberg und auf den Buchberg als höchsten Punkt der Gemeinde Mattsee. An der Südabdachung des Buchberges liegt knapp unter dem Gipfel ein Aussichtsturm mit schönen Ausblicken Richtung Süden und Westen über die Seen- und Moränenlandschaft bis in die Kalkalpen. Von hier aus wieder zurück zum Rad.

Dann geht es nach Norden auf die L 206 von Mattsee Richtung Köstendorf. Beim Wegkreuz nach Mölkham links ab auf den Salinenweg bis zum eigentlichen Anstieg auf den Tannberg ab der Kote 666 (120 hm). Der Summit von Schleedorf 23 liegt südlich der Straße circa 150 Meter vor dem Gasthaus Tannberg, das sich für eine kurze Pause anbietet.

Dann wieder rund 450 Meter zurück zur letzten Serpentine im Wald und von dort zu Fuß 280 Streckenmeter zuerst leicht bergauf, dann wieder leicht bergab zu einer schlanken Eisenstange mitten im Wald, dem Summit von

Köstendorf 24 . GPS-Koordinaten unbedingt beachten, sonst wird's schwierig. Abstieg wie Anstieg.

Wieder beim Rad angelangt, vom Tannberg zurück und Richtung Süden nach Spanswag, scharf links weiter auf dem Salinenweg recht flach bis kurz vor Enharting. Weiter nach rechts und beim Bahnhof Steindorf unter der Westbahn hindurch. In Steindorf Vorsicht beim Überqueren der B1, dort schräg links nach Großstadlberg zur Hubertuskapelle. Von der Kapelle zu Fuß auf der Schotterstraße Richtung Süden in den Wald. Im Wald nicht nach links, sondern geradeaus auf den Karrenweg (leichte Markierungen erkennbar). Diesem etwa zwei Drittel des Gesamtweges folgen, bis er auf den von Großstadlberg heraufführenden Wanderweg N4 (Forststraße) trifft. Auf diesem nun nach links bis zum betonierten Gipfelplateau des Irrsbergs 25 . Zurück auf dem gleichen Weg (zu Fuß gesamt rund 1 ½ Stunden).

Von der Hubertuskapelle mit dem Rad zurück nach Steindorf und über Pfongau, Sighartstein und Wertheim nach Haslach. Hier beginnt der landschaftlich reizvollste Streckenabschnitt dieser Tour leicht bergan (50 hm) entlang des Steinbaches bis zur Jägerwiese und ab dieser entlang des Aubaches zum Startpunkt der Wanderung bei der markierten Abzweigung Richtung Ruine Lichtentann und Henndorfer Heimkehrerkreuz. Für die nun folgende Wanderung zum Lehmberg und auf die Große Plaike sollten 2 ½ Stunden eingeplant werden. Dazu geht es ab dem Parkplatz auf dem Weg Nr. 37 (Eiszeit Rundweg) bis zum Henndorfer Heimkehrerkreuz auf 995 Meter Seehöhe. Von dort nach rechts auf den Weg 830 zur Großen Plaike **27** und etwas steiler ansteigend durch den Wald bis zum ebenfalls bewaldeten Gipfel.

Dann wieder zurück zum Heimkehrerkreuz und auf der breiten Forststraße immer auf dem Rücken bleibend in östlicher Richtung bis zum Gardekreuz. Bei der Wegkreuzung geradeaus auf den Waldweg und zum Lehmberg **26**, dem Summit von Neumarkt. Anschließend wieder zurück zum Gardekreuz. Hier rechts halten und auf der klar erkennbaren Forststraße N2 leicht bergab, bis man eine der Schautafeln des Eiszeit-Rundweges erreicht, und auf dem Anstiegsweg zurück zum Rad.

Der letzte Abschnitt führt nun über Schöllenberg nach Henndorf, dann über Fischtaging nach Seekirchen und von dort verkehrsberuhigt über Waldprechting und Schöngumprechting wieder an den Ausgangsort nach Obertrum.

28 Hallwang Heuberg 901 m

Ranking 95 Salzburg (119)   15 Flachgau (37)
Koordinaten WGS84: 13,107819 W, 47,831202 N;
BMN M31: 433173,0; 299206,0
Karten BEV: UTM ÖK50 3204 Salzburg;
Kompass: 291 Rund um Salzburg

Summits in der Nähe
- 29 Eugendorf – Gottsreith
- 30 Plainfeld – Forsthuber Bühel
- 2 Koppl – Gaisberg
- 1 Salzburg – Gaisberg

Besonderheit Der Heuberg ist der höchste Gemeindesummit unter der 1 000-Meter-Marke.

🚶 T1 • 450 Höhenmeter • 9 km • 3 Stunden ab Mayrwies
Ausgangspunkt Hallwang – Mayrwies, Abzweigung zum Dax Lueg (450 m)

Zunächst zu Fuß oder mit dem Rad auf schattiger, asphaltierter Waldstraße zum Panoramagasthof Dax Lueg. Bis hierher auch mit dem Auto möglich. Eine nette Rundtour über den Gipfel führt direkt vom Dax Lueg Richtung Osten auf den Heuberg. Über den nördlich des Gipfels angelegten Karrenweg geht es leicht bergauf und bei dem spitz nach rechts abzweigenden Gipfelweg in wenigen Minuten auf den Gipfel und über den Rücken wieder zum Dax Lueg.

29 Eugendorf Gottsreith 861 m

Ranking	96 Salzburg (119)	16 Flachgau (37)	

Koordinaten WGS84: 13,120109 W, 47,838508 N;
BMN M31: 434095,7; 300015,9
Karten BEV: UTM ÖK50 3204 Salzburg;
Kompass: 291 Rund um Salzburg

Summits in der Nähe

- 30 Plainfeld – Forsthuber Bühel
- 28 Hallwang – Heuberg
- 2 Koppl – Gaisberg
- 1 Salzburg – Gaisberg

T1 • Radtour • 300 Höhenmeter • 16 km • 2 Stunden
Ausgangspunkt Eugendorf Ortszentrum

Mit dem Fahrrad geht es ab dem Ortszentrum Eugendorf Richtung Thalgau und nach rechts auf die Schwaighofener Straße. Bergan bis zur Abzweigung zum Dachsteinblick. Am Beginn der Siedlung Eugendorf Berg nach links (Südwesten) und in gut 1 ½ Kilometern durch den landwirtschaftlichen Weiler Gottsreith. Von dort dem Traktorweg bergauf folgen. Der höchste Punkt von Eugendorf befindet sich rechts des Weges (Vorsicht – landwirtschaftliche Flächen, nicht markiert, GPS-Koordinaten beachten). Zurück auf dem gleichen Weg.

30 Plainfeld Wasserreservoir Forsthuber Bühel 775 m

Ranking 104 Salzburg (119) 23 Flachgau (37)
Koordinaten WGS84: 13,148932 W, 47,837167 N;
BMN M31: 436252,7; 299860,9
Karten BEV: UTM ÖK50 3204 Salzburg;
Kompass: 291 Rund um Salzburg

Summits in der Nähe

- 29 Eugendorf – Gottsreith
- 28 Hallwang – Heuberg
- 2 Koppl – Gaisberg
- 1 Salzburg – Gaisberg

T1 • 150 Höhenmeter • 8 km • 2 Stunden
Ausgangspunkt Plainfeld Dorfstraße (629 m)

Von Plainfeld und Oberplainfeld kommend wandert man bei der Siedlung Lacknerwinkel und dem darauffolgenden Wegkreuz vorbei. Vor der nord-süd-verlaufenden Baumreihe und dem kleinen Graben (Gemeindegrenze) wendet man sich rechts bergauf, umrundet westlich den Wassertank und kommt von Norden her zum Wasserreservoir (770 m). Der Rückweg führt durch die Siedlung Schwaighofenberg und an deren Südostecke über einen Wiesenweg zurück nach Oberplainfeld und Plainfeld.

Summit-Trilogie

T2 • 600 Höhenmeter • 9 km • knappe 3 Stunden
Ausgangspunkt Hallwang – Mayrwies, Abzweigung zum Dax Lueg (450 m)

Eine längere (Rund)tour verbindet die drei Summits von Hallwang, Eugendorf und Plainfeld (28–30).
Von Mayrwies zunächst zu Fuß auf den Dax Lueg (eine knappe Stunde) und auf dem Rücken entlang auf den Heuberg **28**. Richtung Osten auf den geschotterten Weg. Bei der 90-Grad-Kurve jedoch nach links in den weniger markanten Waldweg. Diesem 300 Meter bis auf die Wiese folgen (Gemeindegrenze) und leicht links ansteigend auf den zwischen zwei Gemüsefeldern hervortretenden Wiesenweg. Der höchste Punkt von Eugendorf **29** befindet sich im linken (Gemüse)feld (nicht markiert, GPS-Koordinaten notwendig). Weiter nach Gottsreith, dem von oben leicht erkennbaren landwirtschaftlichen Weiler, zum Dachsteinblick auf dem Eugendorfer Berg und nach Südosten auf die Schwaighofener Straße. Dieser nun etwa 500 Meter nach rechts (bergab) folgen und bei der ersten Einfahrt (kleiner Wald) nach links und auf dem asphaltierten Weg in die nordwestlichste Gemeindeecke von Plainfeld zum von unten gut erkennbaren Wasserreservoir **30** auf dem Forsthuber Bühel, dem höchsten Punkt der Gemeinde Plainfeld. Anschließend am besten zu einer der Bushaltestellen an der Eugendorferberg-Landesstraße und mit dem Bus über Eugendorf zurück nach Mayrwies.

 **Variante Radtour**

Die beschriebene Wanderung lässt sich auch gut als Mountainbiketour absolvieren (22 km, 600 hm). Anstelle der Rückfahrt mit dem Bus geht es ab dem Gemeindesummit von Plainfeld mit dem Rad den Schwaighofener Berg hinunter nach Eugendorf und von dort die Ischler Bahntrasse zurück zum Ausgangspunkt in Mayrwies.

31 Thalgau Schober 1 328 m

Ranking 87 Salzburg (119) 9 Flachgau (37)
Koordinaten WGS84: 13,312198 W, 47,812834 N;
 BMN M31: 448474,4; 297138,6
Karten BEV: UTM ÖK50 3204 Salzburg, 3210 Hallein;
 Kompass: 291 Rund um Salzburg

Summits in der Nähe
 30 Hof – Filblingrücken
 26 Neumarkt – Lehmberg
 37 St. Gilgen – Schafberg

Besonderheit Der Schober ist nicht nur der Hausberg von Thalgau und Fuschl, sondern auch als Doppelsummit der höchste Gipfel der beiden Gemeinden.

T3 • 415 Höhenmeter • 3 km • 2 Stunden
Ausgangspunkt Parkplatz Forsthaus Wartenfels (924 m)

Vom Parkplatz beim Forsthaus Wartenfels in den Wald und an der Ruine Wartenfels vorbei. Relativ steil auf dem viel begangenen Steig durch den Wald. Der Anstieg wird gegen Schluss hin durchaus selektiv und der Weg ist knapp unterhalb des Gipfels mit Tritteisen und Stahlseilen gesichert. Vorsicht bei rutschigem Untergrund, der diese Wanderung nochmals anspruchsvoller werden lässt. Vom Gipfel hat man einen herrlichen Rundumblick auf die Seen des Salzkammergutes. Abstieg entweder über den gleichen Weg oder als Rundtour über den Frauenkopf (S. 98 f.).

32 Fuschl am See Schober 1 328 m

Ranking	87 Salzburg (119)	9 Flachgau (37)
Koordinaten	WGS84: 13,312198 W, 47,812834 N; BMN M31: 448474,4; 297138,6	
Karten	BEV: UTM ÖK50 3204 Salzburg, 3210 Hallein; Kompass: 291 Rund um Salzburg	

Summits in der Nähe

- 30 Hof – Filblingrücken
- 26 Neumarkt – Lehmberg
- 37 St. Gilgen – Schafberg

T3 • 660 Höhenmeter • 7,5 km • 4 Stunden
Ausgangspunkt Parkplätze in Fuschl am See (670 m)

Vom Ortszentrum von Fuschl am See an der Seepromenade Richtung Norden. Gegen Ortsende rechts ab Richtung Schober – Wanderweg Markierung 10 – bis zum Schoberrundweg. Vom Ansitz und Forsthaus Wartenfels durch den Wald zur Ruine Wartenfels und Richtung Südwesten (knapp unterhalb des Gipfels Seilversicherungen, Achtung bei Nässe!) auf den Summit von Fuschl. Von dort bietet sich die Überschreitung über den Frauenkopf und der Abstieg retour zum Forsthaus an. Restlicher Abstieg wie Anstieg.

33 Hof bei Salzburg Filblingrücken 1 281 m

Ranking	91 Salzburg (119)		12 Flachgau (37)	
Koordinaten	WGS84: 13,267182 W; 47,788279 N;			
	BMN M31: 445100,1; 294410,7			
Karten	BEV: UTM ÖK50 3204 Salzburg, 3210 Hallein;			
	Kompass: 291 Rund um Salzburg			

Summits in der Nähe

- 32 Fuschl – Schober
- 31 Thalgau – Schober
- 35 Faistenau – Wieserhörndl
- 34 Ebenau – Schwarzenberg
- 3 Elsbethen – Schwarzenberg
- 47 Puch – Schwarzenbergrücken

🚶 **T2 • 570 Höhenmeter • 10 km • 4 Stunden**
Ausgangspunkt Bushaltestelle Hof, Abzweigung Jagdhotel Fuschl (727 m)

Von der Bushaltestelle Richtung Süden auf den Wanderweg 40. Bei der Kapelle links ab und auf dem durchgehend im Wald verlaufenden Weg auf einer Länge von etwa 3,5 Kilometern in gleichmäßiger Steigung über viele Wurzeln bis kurz vor den Gipfel des Filblings.
70 Meter vor dem Gipfel zieht von links (Norden) der Graben des Hallbaches herauf und der höchste Punkt von Hof befindet sich an der Schnittstelle zwischen dem West-Ost-verlaufenden Filblingrücken, auf dem der Anstieg erfolgte, und

diesem Graben. Der Punkt ist nicht markiert und im Gelände nicht erkennbar, daher ist eine GPS-Verifizierung notwendig. Zum Gipfel des Filblings sind es dann nur mehr 20 Höhenmeter und dieser liegt an der Gemeindegrenze zwischen Fuschl im Norden und Faistenau im Süden. Von hier genießt man einen schönen Ausblick auf den Fuschlsee und einen weniger schönen auf das Gewerbegebiet in Thalgau. Rückweg über den Anstiegsweg.

Variante: Als alternativer Abstieg bietet sich der Weg über den lieblich gelegenen Filblingsee (Fernwanderweg E4, 04 und 06) nach Wesenau an die Wolfgangsee-Bundesstraße an. Von dort mit dem Bus (Haltestelle Fuschl-Oberbrunn) oder südlich der Straße zu Fuß (markierte Wanderwege 23 bzw. 97) zurück zum Ausgangspunkt (ca. 3,5 Kilometer).

Ebenau Schwarzenberg 1 334 m 34

Ranking 85 Salzburg (119) 7 Flachgau (37)
Koordinaten WGS84: 13,156588 W, 47,760379 N;
BMN M31: 436804,2; 291322,1
Karten BEV: UTM ÖK50 3210 Hallein;
Kompass: 291 Rund um Salzburg

Summits in der Nähe
3 Elsbethen – Schwarzenberg
47 Puch – Schwarzenbergrücken
1 Salzburg – Gaisberg
2 Koppl – Gaisberg
48 Oberalm – Oberalmberg

Besonderheit Die Gemeinde Ebenau teilt sich den Gipfel des Schwarzenbergs mit der Gemeinde Elsbethen 3, wobei der Vermessungsstein (Festpunkt) an der höchsten Stelle des Schwarzenbergs liegt.
155 Meter weiter südlich und 61 Meter niedriger liegt der höchste Punkt der Gemeinde Puch 47 und macht damit den Schwarzenberg zu einem der wenigen Triple-Summits in Salzburg.

T2 • 770 Höhenmeter • 14 km • 4 ½ Stunden
Ausgangspunkt Abzweigung von der Wiestal-Landesstraße nach Hinterwinkl und Glasenbach (564 m)

Vom Startpunkt 200 Meter Richtung Westen, dann schräg links ab, nach weiteren 150 Metern über die Brücke und von dort die geschotterte Forststraße bergauf. Nach gut 2 Kilometern kurze Unterbrechung der Forststraße (ca. 150 m), weiter leicht bergan ab der Kehre (links halten) der nächsten Forststraße. Hauptsächlich forstwirtschaftlich und jagdlich genutzt, orientiert sich der Aufstieg weiter überwiegend an den zahlreichen Forststraßen, in seltenen Fällen ist ein Abkürzen entweder weglos oder über Karrenwege möglich. Gute Orientierung und Kartenstudium empfehlenswert.

Variante
Der Fußweg ist auch als mittellange, flach angelegte Mountainbiketour möglich. Die letzten Höhenmeter auf den Gipfel sind zu Fuß zurückzulegen.
Allfällige, gegebenenfalls saisonale Fahrverbote sind zu beachten.

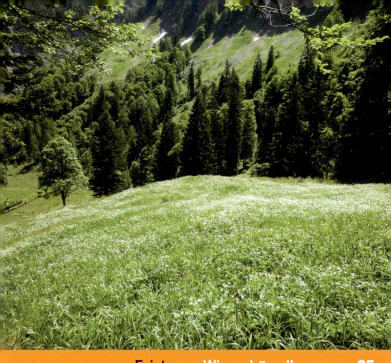

Faistenau Wieserhörndl 1 567 m 35

Ranking 81 Salzburg (119) 6 Flachgau (37)
Koordinaten WGS84: 13,233132 W, 47,727215 N;
BMN M31: 442540,0; 287624,2
Karten BEV: UTM ÖK50 3210 Hallein;
Kompass: 291 Rund um Salzburg

Summits in der Nähe

- 46 Adnet – Graskuppe nahe der Jägernase
- 44 Krispl – Schmittenstein
- 45 Bad Vigaun – Schlenken

T2 • 820 Höhenmeter • 11 km • 4 Stunden

Ausgangspunkt Beginn der Forststraße an der Weggabelung der beiden Wege 45 und 852 im Wurmwinkl westlich des Hintersees, wenige Parkmöglichkeiten

Auf der leicht ansteigenden Forststraße (Nr. 852) bis zu deren südlichem Ende auf den nun steiler werdenden schattigen Wanderweg (Nr. 45 und 852). Auf diesem bis in den Sattel (Denkmal) und links in einer ausladenden Linkskurve auf den Spielberg (1 428 m). Vom Gipfel leicht bergab und in weiteren 150 Höhenmetern zur Bergstation des Wieserhörndlliftes auf das Wieserhörndl. Abstieg wie Anstieg. Zum Abschluss empfiehlt sich ein Besuch des Felsenbades am Almbach. Dazu fährt man retour, nach 1,5 Kilometern beim Hintersee links und nach weiteren 1,5 Kilometer in die schmale Straße wieder nach links (nach 100 Metern Parkmöglichkeiten neben der Straße).

Variante Skitour
L • beste Zeit: gesamter Winter

700 Höhenmeter, etwa 7 km, je nach Spurwahl. Die beliebte und vielbegangene Skitour führt von der Gaißau, Parkplatz bei der Talstation (Gemeindegebiet Krispl, gebührenpflichtig, 864 m) durchgehend auf der Skipiste bis auf das Wieserhörndl.

36 Hintersee Gennerhorn, nördlich vom Gipfel 1 726 m

 Salzburg (119)   Flachgau (37)

Ranking
Koordinaten WGS84: 13,309585 W, 47,674917 N;
BMN M31: 448273,1; 281804,4
Karten BEV: UTM ÖK50 3210 Hallein;
Kompass: 291 Rund um Salzburg
Summits in der Nähe
  43 St. Koloman – Trattberg
  44 Krispl – Schmittenstein
  45 Bad Vigaun – Schlenken

Achtung Der Gipfel des Gennerhorns ist 1 735 Meter hoch; die Gemeindegrenze zwischen Abtenau und Hintersee verläuft rund 20 Meter weiter nördlich. Somit liegt der Gipfel des Gennerhorns ausschließlich auf dem Gemeindegebiet von Abtenau. Der höchste Punkt von Hintersee ist dementsprechend auch nicht der Gipfel des Gennerhorns, sondern liegt (nicht markiert) auf 1 726 Metern auf dem von Nordnordosten heraufziehenden, latschenüberwachsenen Gratrücken, inmitten des dichten und mächtigen Latschenfeldes und ist nur sehr mühsam zu erreichen! GPS-Koordinaten notwendig. In der Feinsuche neben dem höchsten Punkt von Bad Gastein in der Nordwestflanke des Ankogels der wahrscheinlich am schwierigsten anzusteuernde Gemeindesummit!

T3 • 910 Höhenmeter • 5,5 km • 4 Stunden
Ausgangspunkt Parkplatz in Hintersee – Lämmerbach (820 m)

Ab dem Parkplatz entweder entlang der Forststraße und ab und an den Wanderweg durch den Wald nutzend zu den Genneralmen (1 295 m).

Von dort entweder auf direktem Weg (Ostanstieg) oder südlich des Gipfels vorbei in den Gennersattel zwischen Gruberhorn und Gennerhorn und dann von der Westseite auf den Gipfel. Nun nicht weit, aber mühsam auf den höchsten Punkt von Hintersee.

Variante Skitour
WS • beste Zeit: gesamter Winter

Vom Parkplatz geht es mit den Skiern auf der Forststraße, ab und an der Spur durch den Wald folgend, zu den Genneralmen. Ab hier – sichere Schneeverhältnisse vorausgesetzt – Richtung Westen auf dem ostseitigen Anstieg bis unter das markante Felsband. Durch eine Lücke in diesem hindurch und von Südosten auf den Gipfel.

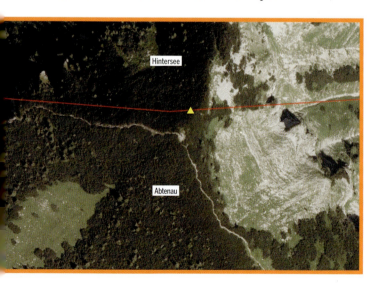

37 St. Gilgen **Schafberg** 1 782 m

Ranking	74 Salzburg (119)		4 Flachgau (37)
Koordinaten	WGS84: 13,433672 W, 47,776579 N;		
	BMN M31: 457576,8; 293112,0		
Karten	BEV: UTM ÖK50 3211 Bad Ischl;		
	Kompass: 291 Rund um Salzburg		

Summits in der Nähe

- 32 Fuschl – Schober
- 31 Thalgau – Schober
- 33 Hof – Filbling
- 36 Hintersee – Gennerhorn

T3 • 1 300 Höhenmeter • 18 km • 7 ½ Stunden, Ausgangspunkt Parkplatz in Wiesenau am Ostufer des Mondsees (483 m)

Diese anspruchsvolle Bergwanderung führt von Wiesenau recht abrupt und steil in 1 ½ Stunden auf die bewirtschaftete Eisenaueralm. Dann geht es entlang des markierten (Fern-)Wanderweges E4 durch den Wald zum Suissensee. Vor dessen Senke nach rechts und unter der Schafbergnordwand durch eine Schlucht, über schrofiges Gelände und zuletzt über die Himmelsporte zum Schafberggipfel (weitere

2 Stunden). Der Abstieg kann entweder auf dem gleichen Weg erfolgen, ansonsten nach Südosten Richtung Wetterloch (Weg 27), teilweise steil und mit Stahlseil gesichert zum Mönichsee auf 1 300 Meter Seehöhe. Von diesem dann knapp 150 Höhenmeter Gegenanstieg in die Scharte oberhalb des Mittersees und oberhalb des Suissensees zur Aufstiegsroute. Auf dieser zurück zum Ausgangspunkt.

Auf den Schafberg führt eine Fülle von Anstiegen von allen Seiten und dadurch bieten sich zahlreiche Kombinationsmöglichkeiten und Rundtouren an. Die Anstiege von St. Wolfgang sind tendenziell stärker frequentiert und sonnenexponierter. Für Teilstrecken oder den gesamten Auf- oder Abstieg kann als Alternative die Zahnradbahn gewählt werden.

Strobl nördlich des Gamsfeldgipfels 1 954 m 38

Ranking 65 Salzburg (119)   1 Flachgau (37)
Koordinaten WGS84: 13,480237 W, 47,624894 N;
BMN M31: 461098,4; 276252,4
Karten BEV: UTM ÖK50 3211 Bad Ischl und
3217 Hallstatt; Kompass: 291 Rund um Salzburg
Summits in der Nähe
- 39 Rußbach – Gamsfeld
- 36 Hintersee – Gennerhorn
- 40 Annaberg-Lungötz – Bischofsmütze
- 43 St. Koloman – Trattberg

Besonderheit Die unscheinbare Eisenstange am südlichen Ende der „Wilden Kammer" markiert den höchsten Punkt des Flachgaus. Die Differenz zwischen dem niedrigsten Gemeindesummit des Flachgaus (16 Maria Bühel, Oberndorf, 445 m) und dem höchsten (Eisenstange nördlich des Gamsfeldgipfels, Strobl, 1 954 m) beträgt 1 509 Meter.

T2 • mittelschwere kombinierte Mountainbike- und Wandertour • 1 200 Höhenmeter • 21 km • 6–7 Stunden

Ausgangspunkt ausreichend Parkmöglichkeiten im Bereich der Skilifte; der Ausgangspunkt befindet sich nördlich der Brücke über den Rußbach, der hier die Gemeindegrenze bildet

Mit dem Mountainbike entlang der Straße zur Brücke über den Rußbach bis zur bestens ausgeschilderten Abzweigung Richtung Osten zur Rettenegghütte auf die Schotterstraße. An der Abzweigung zu dieser jedoch nach rechts und in angenehmer Steigung bis zur Kote 1325, der Abzweigung zur Rinnbergalm und Angerkaralm. Nach links in den flachen Sattel und dann gut 100 Höhenmeter hinunter zur Rinnbergalm, bei der Abzweigung nach links und nun

170 Höhenmeter bergauf zur Angerkaralm. Hier das Rad abstellen.
Von der Angerkaralm auf dem markierten Weg zuerst auf den Gamsfeldgipfel (39 Summit von Rußbach), dann von dort direkt 150 Meter nach Norden leicht bergab und weglos bis zu der leicht verbogenen Eisenstange am Südende des von Norden heraufziehenden Kares, der „Wilden Kammer". Abstieg wie Anstieg.

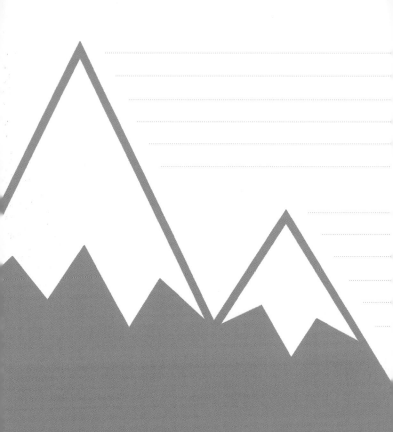

TENNENGAU

Hoher Göll 2 522 m (Kuchl) **50**
Bischofsmütze 2 458 m (Annaberg-Lungötz) **40**
Bleikogel 2 411 m (Abtenau) **41**
nahe Grenzsstein 133 2 392 m (Golling) **51**
Südlicher Wieselstein 2 315 m (Scheffau) **42**
Gamsfeld 2 027 m (Rußbach) **39**

Trattberg 1 757 m (St. Koloman) **43**
Schmittenstein 1 695 m (Krispl) **44**
Schlenken 1 649 m (Bad Vigaun) **45**
Graskuppe nahe der Jägernase 1 507 m (Adnet) **46**
Grenzstein 123, Rossfeld 1 397 m (Hallein) **49**
Schwarzenberg, südl. vom Gipfel 1 273 m (Puch) **47**

Oberalmberg 726 m (Oberalm) **48**

39 Rußbach am Pass Gschütt Gamsfeld 2 027 m

Ranking 63 Salzburg (119)   6 Tennengau (13)
Koordinaten WGS84: 13,480522 W, 47,623261 N;
BMN M31: 461119,7; 276071,1
Karten BEV: UTM ÖK50 3211 Bad Ischl und
3217 Hallstatt; Kompass: 291 Rund um Salzburg

Summits in der Nähe
- 38 Strobl – nördlich des Gamsfeldgipfels
- 36 Hintersee – Gennerhorn
- 40 Annaberg-Lungötz – Bischofsmütze
- 43 St. Koloman – Trattberg

WS • beste Zeit: Jänner bis März • 1 160 Höhenmeter • 10 km • Aufstieg 3 ¾ Stunden

Ausgangspunkt Rußbach, Parkplatz im Rinnbachgraben (860 m)

Das Gamsfeld gilt als ein Klassiker der Skitourenberge. Die Tour auf den Gemeindesummit von Rußbach (und – mit einem kleinen Abstecher – auf den von Strobl) beginnt beim Parkplatz im Rinnbachgraben und verläuft entlang der Rodelbahn zur Angerkaralm (Achtung: Abzweigung circa bei der Hälfte der Wegstrecke zur Rinnbergalm nicht verpassen). Ab der Angerkaralm geht es in einer weiten Mulde und an deren Ende in das aufsteilende Gipfelkar und allenfalls leicht überwächtet auf den latschenbestandenen Westrücken. Nun entweder zum Gipfel des Gamsfeldes oder sich unterhalb des Gipfelanstieges an der Nordflanke haltend zur Eisenstange, die am Südende der „Wilden Kammer" den höchsten Punkt von Strobl **38** und des Bezirkes Salzburg Umgebung (Flachgau) markiert. Von dort dann in fünf Minuten unschwierig auf den Gipfel, den höchsten Punkt von Rußbach. Abfahrt entlang des Anstiegs.

Der höchste Gipfel der Gemeinde Strobl und des gesamten Bezirkes Flachgau liegt 180 Streckenmeter und 73 Höhenmeter weiter nördlich.

40 Annaberg-Lungötz Bischofsmütze 2 458 m

Ranking	40 Salzburg (119)	2 Tennengau (13)
Koordinaten	WGS84: 13,511167 W, 47,493892 N; BMN M31: 463455,8; 261692,4	
Karten	BEV: UTM ÖK50 3217 Hallstatt; Kompass: 291 Rund um Salzburg; Alpenverein: 14 Dachstein	

Summits in der Nähe

- 72 Filzmoos – Torstein
- 70 Eben – Gerzkopf
- 39 Rußbach – Gamsfeld
- 38 Strobl – nördlich des Gamsfeldgipfels

Tennengau

T6 • III, Schlüsselstelle kurz IV, meist leichter •
1 600 Höhenmeter, davon 300 Klettermeter • ca. 25 km
Wegstrecke plus der Kletterstrecke • zweitägiges Unternehmen mit Nächtigung auf der Hofpürglhütte
Ausrüstung 50-Meter-Seil, Helm, Expressschlingen, Abseilgerät; im Frühsommer für die Altschneefelder Steigeisen
Ausgangspunkt nördlich von Annaberg, 2,5 km in den Astauwinkl (873 m)

Die Bischofsmütze ist der zweithöchste Gemeindesummit im Tennengau und der einzige Salzburg Summit, der selbst auf dem Normalweg nur kletternd zu erreichen ist, und dürfte damit als objektiv schwierigster zu bewerten sein.

Um vom Gemeindegebiet Annaberg-Lungötz auf die Bischofsmütze zu gelangen, wird der Startort im Astauwinkel gewählt. Von dort in 3 ½ Stunden über die Stuhlalm/Theodor-Körner-Hütte, Durchgangsscharte und Austriaweg zur Hofpürglhütte, einem perfekten Stützpunkt für die anspruchsvolle Tour auf die Bischofsmütze. Ab dort unmarkiert, aber in gut erkennbaren Steigspuren zuerst durch Latschen, dann durch das breite Schotterkar Richtung Norden. Die empfohlene Anseilstelle ist mit einer grünen Markierung versehen, der gesamte weitere Anstieg mit Bohrhaken gut versichert. Vorsicht beim folgenden Wegverlauf im Frühsommer – Altschneereste können bereits den Zustieg erheblich erschweren. Steigeisen empfohlen. Der untere Teil der Kletterei bewegt sich zwischen I. und II. Schwierigkeitsgrad. Die etwa 15 Meter lange Schlüsselstelle liegt am Beginn der Mützenschlucht (IV. Grad). Nach der Schlüsselstelle zuerst in der Schlucht bis zur Scharte (sechs Seillängen zwischen II. und III. Grad) und ab dieser auf der Nordseite unschwierig zum Gipfel (weitere zwei Seillängen). Wunderschöne Ausblicke.

Variante Der Großteil der Bischofsmützen-Besteiger wählt den Südanstieg von Filzmoos aus (1 100 Höhenmeter, davon 300 Klettermeter; ca. 6 km Wegstrecke plus der Kletterstrecke, Gesamtgehzeit 7 Stunden). Von Filzmoos in den Graben der Warmen Mandling, Mautstraße. Bis zum Parkplatz vor der Rettenegghütte, Aualm (1 365 m). Ab Filzmoos auch mit dem Wanderbus bis zur Hofalm, von dort bis zur Hofpürglhütte ca. ¼ Stunde längerer Zustieg. Vom Parkplatz bis zur Hofpürglhütte und weiter wie oben beschrieben.

Abtenau Bleikogel 2 411 m **41**

Ranking	/42\ Salzburg (119)	/3\ Tennengau (13)	
Koordinaten	WGS84: 13,298422 W, 47,514068 N; BMN M31: 447424,0; 263921,2		
Karten	BEV: UTM ÖK50 3216 Bischofshofen und 3217 Hallstatt; Kompass: 291 Rund um Salzburg; Alpenverein: 13 Tennengebirge		

Summits in der Nähe

- **55** Werfenweng – Bleikogel
- **71** St. Martin/Tg. – Bleikogelrücken
- **54** Pfarrwerfen – Raucheck
- **42** Scheffau – Südlicher Wieselstein
- **70** Eben – Gerzkopf

Besonderheit Der Bleikogel ist als Doppelsummit mit Werfenweng **55** ein lohnendes Ziel und rechtfertigt damit leicht den langen Anstieg. Nur 160 Streckenmeter und 26 Höhenmeter weiter südlich lässt der Gemeindesummit von St. Martin am Tennengebirge **71** den Bleikogel sogar fast zu einem Triplesummit werden.

T3 • 1 420 Höhenmeter, mit den diversen Gegenanstiegen auf dem Karstplateau ca. 1 800 Höhenmeter • 16 km • 9 Stunden
Ausgangspunkt Parkplatz bei der Karalm (990 m)

Vom Parkplatz zunächst schattig bis zur Laufener Hütte (1 721 m). Ab dieser geht es in ständigem (mehr) Auf und (weniger) Ab in dem breiten Fritzerkessel zuerst noch über Vegetation, später über Karst, immer Richtung Westen auf den Bleikogel zu. Am Schluss um diesen im Süden herum und von Westen auf den zweithöchsten Gipfel des faszinierenden Tennengebirges.

Abstiegsvariante Auf dem Grat unmarkiert und mit leichten Kletterstellen versetzt (I) über Hochbrett (2 312 m) und Kleinen Fritzerkogel (2 287 m) auf den Fritzerkogel (2 360 m) und von diesem ostseitig wiederum auf markiertem Weg zur Laufener Hütte (T5, gesamt 2 000 Höhenmeter und 17 km).

Variante Skitour (ZS)

Man startet zu dieser anspruchsvollen Skitour in Abtenau, Unterberg (701 m). Die ersten 500 Höhenmeter führen durch steiles, felsdurchsetztes, teilweise durch Brücklein und Drahtseile gesichertes Waldgelände (teilweise die Ski tragen). Der weitere Verlauf geht über teilweise recht steiles Skigelände, das im oberen Bereich entlang der Langwand in flachere Hänge und Mulden übergeht. Stabile Schnee- und Wetterverhältnisse erforderlich (1 710 Höhenmeter, 5 Stunden Anstieg, beste Zeit Frühjahr).

42 Scheffau Südlicher Wieselstein 2 315 m

Ranking	54 Salzburg (119)	5 Tennengau (13)
Koordinaten	WGS84: 13,224937 W, 47,534339 N; BMN M31: 441894,5; 266180,3	
Karten	BEV: UTM ÖK50 3216 Bischofshofen; Kompass: 291 Rund um Salzburg; Alpenverein: 13 Tennengebirge	

Summits in der Nähe

- 54 Pfarrwerfen – Raucheck
- 55 Werfenweng – Bleikogel
- 41 Abtenau – Bleikogel
- 71 St. Martin/Tg. – Bleikogelrücken
- 43 St. Koloman – Trattberg

T3 • 1 800 Höhenmeter • 17 km • 9–10 Stunden
Ausgangspunkt Oberscheffau, wenige Parkmöglichkeiten nach der Brücke über die Lammer rechts (510 m)

Auf markiertem Weg (90, 212) Richtung Stefan-Schatzl-Hütte (1 350 m). Ab dieser dann relativ bald aus dem Latschengürtel heraus auf das Tennengebirgsplateau an die Nordseite des Knallsteins (2 233 m). Um diesen westseitig herum, weiter um den Nördlichen, über den Mittleren (2 300 m) und zu guter Letzt auf den Südlichen Wieselstein (2 315 m). Nur der Mittlere Wieselstein hat ein Gipfelkreuz. Der Abstieg folgt dem Anstiegsweg.

Variante Skitour
ZS • 8 Kilometer • 6 Stunden • nur bei ausreichender Schneelage • nichts für Anfänger

Der Winteranstieg führt normalerweise nur auf den Mittleren Wieselstein. In Oberscheffau gleich nach der Brücke über die Lammer rechts - einige Parkmöglichkeiten. Weiter über die Brücke des Schwarzbaches. Zuerst entlang der Straße durch Bernhof bis hinter die Hofstelle Wieser, 150 Meter entlang der Forststraße und dann auf den Waldweg. Teilweise steil zur Schönalm, wo man auf den Sommeranstieg trifft, dem man weiter folgt. Bis zur Stefan-Schatzl-Hütte ist es steil und geht in zahlreichen Spitzkehren hinauf. Ab dieser neigt sich das Gelände und ist leichter zu gehen. Ab der Westseite des Knallsteins dann allerdings direkt südlich und von Nordosten auf den Südlichen Wieselstein. Abfahrt etwa entlang des Anstiegsweges.

St. Koloman Trattberg, östlich des Gipfels 1 757 m 43

Ranking 76 Salzburg (119) 7 Tennengau (13)
Koordinaten WGS84: 13,274163 W, 47,641027 N;
BMN M31: 445610,3; 278037,9
Karten BEV: UTM ÖK50 3210 Hallein;
Kompass: 291 Rund um Salzburg
Summits in der Nähe
- 36 Hintersee – Gennerhorn
- 44 Krispl – Schmittenstein
- 45 Bad Vigaun – Schlenken
- 46 Adnet – Graskuppe nahe der Jägernase

T2 • 900 Höhenmeter • 20 km • 4 Stunden
Ausgangspunkt Ortszentrum St. Koloman (848 m)

Schöne kombinierte Rad- und Wandertour: Von St. Koloman mit dem Mountainbike oder Rennrad auf der 9 Kilometer langen, ab der Mautstelle schön asphaltierten Straße in gut 600 Höhenmetern bis zur Enzianhütte. Von hier geht es zu Fuß in 45 Minuten über Almwiesen bis zum Gipfelkreuz. Dieses steht jedoch nicht am höchsten Punkt der Gemeinde St. Koloman. Der Summit liegt 150 Meter östlich vom Gipfelkreuz.

Wer lieber radelt als geht, fährt von der Enzianhütte noch 1,5 Kilometer und 70 Höhenmeter auf der Straße weiter bis zu dem kleinen Parkplatz rechterhand, bevor sie wieder an Höhe verliert (Linkskurve zum Feuchten Keller, Aussichtsplattform Schröck rechts). Von hier nun zu Fuß auf

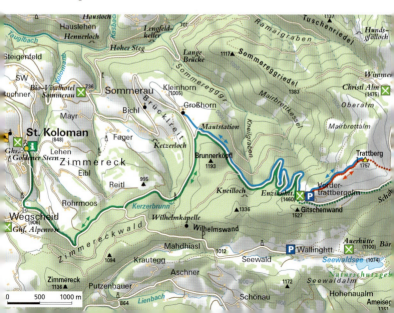

den Gipfel (ca. 200 hm, 40 Minuten hin und retour) und von dort leicht bergab zum Gipfelkreuz.

Variante Skitour (L) Vom Weiler Großhorn, unmittelbar vor der Mautstation auf 1 010 Meter in südöstlicher Richtung den Hang bergan zum Mauthäuschen und die Trattbergstraße hinauf zur Enzianhütte. Ab dieser Richtung Nordost über den mäßig steilen Rücken zum Gipfelkreuz und von dort zum höchsten Punkt. Die Abfahrt erfolgt im Bereich der Aufstiegsspur.

44 Krispl Schmittenstein 1 695 m

Ranking	79 Salzburg (119)		8 Tennengau (13)
Koordinaten	WGS84: 13,236593 W, 47,683201 N;		
	BMN M31: 442793,5; 282729,9		
Karten	BEV: UTM ÖK50 3210 Hallein;		
	Kompass: 291 Rund um Salzburg		

Summits in der Nähe

- 45 Bad Vigaun – Schlenken
- 46 Adnet – Graskuppe nahe der Jägernase
- 35 Faistenau – Wieserhörndl
- 43 St. Koloman – Trattberg

T3 (am Gipfelaufbau) • **680 Höhenmeter** • **9 km** • **4 Stunden**

Ausgangspunkt Pfannreit (Lasserbauer; Parkplätze vorhanden) in der hinteren Gaißau (1 010 m)

Auf dem etwas weniger begangenen Anstieg geht es auf den Summit von Krispl. Vom Parkplatz zuerst über einen Wiesenweg (79, 840) bis zur Querung mit der Forststraße und oberhalb der Looswand vorbei. In einer ausgeprägten Linksserpentine die Abzweigung zur Ladenbergalm nicht verpassen. Kurz vor dem Sattel (1 254 m) rechts halten und in der Nordwestflanke der Sattelköpfe in die Scharte zwischen den Sattelköpfen und dem Schmittenstein. Aus dieser nun steil, kurz mit Drahtseil versichert und teilweise kraxelnd auf den Gipfel des Schmittensteins.

45 Bad Vigaun Schlenken 1 649 m

Ranking 80 Salzburg (119) 9 Tennengau (13)
Koordinaten WGS84: 13,213327 W, 47,681711 N;
BMN M31: 441046,0; 282566,8
Karten BEV: UTM ÖK50 3210 Hallein;
Kompass: 291 Rund um Salzburg

Summits in der Nähe
46 Adnet – Graskuppe nahe der Jägernase
44 Krispl – Schmittenstein
35 Faistenau – Wieserhörndl

T2 • 600 Höhenmeter • 7 km • 3 ½–4 Stunden
Ausgangspunkt Parkplatz beim Liendorf am Äußeren Rengerberg (1 030 m).

Vom Parkplatz den Wanderweg hinauf nach Wallmannreit und an Formau vorüber entweder über den steileren Anstieg direkt am Summit von Adnet 46 vorbei (flache Graskuppe linker Hand) und über die Jägernase oder flacher und auf dem Fahrweg über die Schlenkenalm zum Gipfel.

Variante Skitour (L) Eine andere, ebenfalls schöne Skiroute führt auf der Südseite des Schlenkens vom Inneren Rengerberg vom Parkstreifen beim Wurzerweg (1020 m) zur Nigelkaralm. Von dort geht es entweder gemächlich auf der Forststraße oder diese durch den Wald steiler abkürzend, weiter Richtung Nordwesten zur Schlenkenalm und auf dem breiten Südrücken auf den Gipfel (630 Höhenmeter, ca. 3 km Anstieg). Die Abfahrt folgt dem breiten Südwestrücken, ab der Waldgrenze entlang der Aufstiegsspur. Je nach Schneelage und Lawinengefahr kann auch südostseitig ins Nigelkar zur Nigelkaralm und ab hier entlang der Aufstiegsspur abgefahren werden.

46 Adnet Graskuppe nahe der Jägernase 1 507 m

Ranking 82 Salzburg (119) 10 Tennengau (13)
Koordinaten WGS84: 13,208130 W, 47,687713 N;
BMN M31: 440656,9; 283234,7
Karten BEV: UTM ÖK50 3210 Hallein;
Kompass: 291 Rund um Salzburg

Summits in der Nähe
- 45 Bad Vigaun – Schlenken
- 44 Krispl – Schmittenstein
- 35 Faistenau – Wieserhörndl
- 43 St. Koloman – Trattberg

T2 • 360 Höhenmeter • 4 km • 1 ½ – 2 Stunden
Ausgangspunkt Parkplatz Zillreith im äußersten Osten des Gemeindegebietes von Adnet

Vom Parkplatz zuerst die Asphalt-, dann die Schotterstraße bergauf und nach circa 500 Metern auf der Ostseite des Waldes über die Wiesen nach Formau. Bei der darauffolgenden Weggabelung steiler werdend durch den Wald auf den höchsten Punkt von Adnet kurz unterhalb der Jägernase. Dieser ist nicht benannt und nicht markiert und liegt etwa 40 Meter links des Weges (nördlich) auf einer kleinen waldfreien Stelle.

Variante Skitour (L) Wie beim Sommeranstieg von Zillreith bei der Halleiner Hütte vorbei zum höchsten Punkt und weiter auf den Schlenken. Abfahrt über den Südrücken und ab den Schlenkenalmen auf dem Weg retour.

Dreier-Runde

T3 • 1 100 Höhenmeter • 18 km • 8 Stunden
Ausgangspunkt Gaißau in der Rechtskurve, die nach Krispl führt (703 m)

Der Anstieg zu den drei Summits von Krispl `44`, Bad Vigaun `45` und Adnet `46` beginnt gemütlich mit circa 400 Metern auf der Straße und führt dann nach rechts auf der orographisch rechten Seite (nördlich) entlang des Mörtlbaches (auch Mirchtlbach). Nach einem weiteren guten Kilometer wechselt der Weg auf die andere Bachseite. Bei der Abzweigung bei der Kote 780 besteht die Wahl zwischen zwei Möglichkeiten, zur Zisterbergalm

(1 111 m) zu gelangen: Entweder weiter schattig entlang des Mirchtlbaches oder der südlichere Weg über die Wiesen- und Almflächen. Von der Zisterbergalm geht es nun weiter in den Sattel zwischen den Sattelköpfen und dem Schmittenstein (1 291 m). Vom Sattel nun steil, kurz mit Drahtseil versichert und teilweise kraxelnd auf den Gipfel des Schmittensteins **44**.

Den Gipfelaufbau wieder herunter und auf latschenbewachsenem Grat unschwierig weiter zum Schlenken **45**, dem Summit von Bad Vigaun. Von diesem auf dem Nordwestgrat ebenfalls unschwierig hinunter über die Jägernase und auf die Graskuppe, die sich nach dem kurzen Felsstück rechts des Weges als höchster Punkt von Adnet erhebt (**46**, nicht markiert, ev. GPS-Koordinaten notwendig). Achtung: steile Nordostabbrüche. Abstieg über das Zweitwohngebiet Formau und die Forststraße nach Reit zurück zum Ausgangspunkt in der Gaißau.

Variante (T3) eine kürzere Form der Rundtour mit den Touren **46** Adnet, **45** Bad Vigaun und **44** Krispl bietet sich von der Halleiner Hütte aus an: vom Adneter Gipfel – wie oben beschrieben – weiter auf den Gipfel des Schlenken und von diesem über den latschenbestandenen Westgrat zuletzt in leichter Kletterei (Stahlseil) auf den Gipfel des Schmittenstein.

Für den Abstieg wieder retour und gleich unterhalb des Schmittensteingipfels bei der Weggabelung schräg nach links Richtung Schlenkenalmen. Von diesen auf dem Almfahrweg durch den Wald retour zum Ausgangspunkt (820 Höhenmeter, 11 km, 4 Stunden).

47 Puch Schwarzenberg, südlich vom Gipfel 1 273 m

Ranking 92 Salzburg (119)   12 Tennengau (13)
Koordinaten WGS84: 13,156496 W, 47,758994 N;
BMN M31: 436798,8; 291167,9
Karten BEV: UTM ÖK50 3210 Hallein;
Kompass: 291 Rund um Salzburg

Summits in der Nähe

- 34 Ebenau – Schwarzenberg
- 3 Elsbethen – Schwarzenberg
- 48 Oberalm – Oberalmberg
- 2 Koppl – Gaisberg
- 1 Salzburg – Gaisberg

T2 • 540 Höhenmeter • 9 km • 3 ½ Stunden

Ausgangspunkt Von Puch Richtung Vollererhof, bei der Abzweigung in Gasteig aber rechts, bei der nächsten V-Kreuzung nach links bergauf und auf dieser Straße zur Hofstelle Gimpl. 250 Meter nach der Hofstelle Gimpl (730 m) bei der Abzweigung in den geschotterten Wiesenweg nach links.

Von dort auf der leicht bergab führenden Schotterstraße (Jagdansitz rechts am Baum) in den Wald. Bei den zwei folgenden V-Kreuzungen jeweils nach rechts auf die Forststraße Richtung Schatteck. Leicht nördlich des Schattecks in der leichten Linkskurve zweigt rechts ein Waldweg ab. Dieser ist zwar nicht markiert, aber die rot gefärbten Begrenzungssteine weisen den weiteren Weg und dieser ist

damit doch gut erkennbar. Im Wesentlichen verläuft er immer auf dem Südrücken des Schwarzenbergs entlang. Der höchste Punkt von Puch ist kein Gipfel, sondern ein großer Felsblock, der von einem kleinen Steinmann gekrönt ist. Rechts davon befindet sich ein hoher Wurzelstock.

In weiteren 10 Minuten kann man unschwierig zum Gipfel des Schwarzenbergs aufsteigen, der als höchster Punkt von Elsbethen **3** und Ebenau **34** ein Doppelsummit ist. Zusammen mit dem Summit von Puch macht dies einen recht erfolgreichen Ausflug.

Oberalm Oberalmberg 726 m 48

Ranking	106 Salzburg (119)	13 Tennengau (13)
Koordinaten	WGS84: 13,114755 W, 47,714115 N; BMN M31: 433655,5; 286186,4	
Karten	BEV: UTM ÖK50 3210 Hallein; Kompass: 291 Rund um Salzburg	

Summits in der Nähe

- 4 Anif – Goiser Hügel
- 47 Puch b. Hallein – Schwarzenberg, südl. v. Gipfel
- 3 Elsbethen – Schwarzenberg
- 34 Ebenau – Schwarzenberg
- 46 Adnet – Graskuppe nahe der Jägernase

Besonderheit Beim Oberalmberg handelt es sich um den niedrigsten Gemeindesummit im Tennengau. Das Delta zwischen höchstem Tennengauer Summit mit 2 522 Metern (Hoher Göll, Kuchl, 50) und dem niedrigsten beträgt damit 1 796 Meter.

T1 • 280 Höhenmeter • 7 km • 2 ¾ Stunden
Ausgangspunkt Ortszentrum Oberalm

Vom Ortszentrum Oberalm geht es via Schloss Winkl auf den Wanderwegen 46/101 unter der Autobahn hindurch und Richtung Nordosten auf den Oberalmberg. Der Gipfel liegt im Wald und ist von einem mit Steinmauern umrahmten hölzernen Gipfelkreuz gekrönt. Der Abstieg zu Beginn auf gleichem Weg, dann aber links nach Reichen abbiegen. Beim Schranken vor den ersten Häusern scharf rechts auf den Wiesenweg (41, 46). Auf diesem bis zur Fahrstraße nach Hammer und weiter zurück nach Oberalm.

Variante Radtour Von der Kirche Oberalm radelt man durch Hammer ins Vorderwiestal bei Lahngang links bergauf in den Reichenweg, bis zur T-Kreuzung bei einem Gehöft (590 m), hier nach links und nach 200 Metern am Beginn des Waldes am Schranken vorbei und in 25 Minuten auf breitem Weg (15/101), dann auf schmalerem Waldweg auf den Gipfel. Mit dem Mountainbike bis auf den Gipfel möglich, sonst nach Belieben zu Fuß weiter (275 hm, 6 km).

Hallein Grenzstein 123, Rossfeld 1397 m 49

Ranking	84 Salzburg (119)	11 Tennengau (13)	
Koordinaten	WGS84: 13,097948 W, 47,633717 N; BMN M31: 432366,9; 277251,1		
Karten	BEV: UTM ÖK50 3210 Hallein; Kompass: 291 Rund um Salzburg		

Summits in der Nähe

50 Kuchl – Hoher Göll
51 Golling – nahe Grenzstein 133
48 Oberalm – Oberalmberg

L • 570 Höhenmeter • 9 km • 2 ½ Stunden
Ausgangspunkt Parkplatz der Zinkenlifte in Bad Dürrnberg (825 m)

Ein Klassiker der (Abend)skitouren: Vom Parkplatz der Zinkenlifte in Bad Dürrnberg (825 m) entlang der ausgeschilderten Tourengeherroute östlich am Zinkenkogel vorbei. Die Strecke führt zuerst über die Piste und durch den Wald, quert dann den Osthang und verläuft wieder flach auf einem Waldweg. Rund 200 Meter und 20 Höhenmeter vor der Talstation des „Großen Liftes" liegt in Anstiegsrichtung links hinter dem Zaun der Grenzstein 123 der österreichisch-deutschen Staatsgrenze. Dieser markiert den höchsten Punkt der Stadtgemeinde Hallein. Im Winter sind für die Feinsuche die GPS-Koordinaten notwendig, da der Grenzstein wahrscheinlich von Schnee bedeckt sein wird. Es bietet sich natürlich an, die Tour auf das Rossfeld fortzusetzen. Der Gipfelanstieg führt dazu weiter am Rand der Piste bis zum Gipfelkreuz des Rossfeldes (weitere 140 hm). Abfahrt entlang der Anstiegsroute.

 **Variante Radtour**
 28 km • 950 Höhenmeter • 2 Stunden

Von Hallein fährt man via Bad Dürrnberg über die Staatsgrenze zur mautpflichtigen Rossfeldstraße (frei für Radfahrer). Eine Serpentine unterhalb der Rossfeld-Skihütte links ab auf den Schotterweg zu den Liften. Bei der Talstation des „Großen Liftes" geht es am Ostrand der Wiese bis zum beschriebenen Grenzstein 123.

50 Kuchl Hoher Göll 2 522 m

Ranking 33 Salzburg (119) 1 Tennengau (13)
Koordinaten WGS84: 13,066809 W, 47,594084 N;
BMN M31: 430011,1; 272852,1
Karten BEV: UTM ÖK50 3210 Hallein und
3216 Bischofshofen;
Kompass: 291 Rund um Salzburg;

Summits in der Nähe
- 51 Golling – nahe Grenzstein 133
- 49 Hallein – Grenzstein 123, Rossfeld
- 48 Oberalm – Oberalmberg

T4, I • 1 200 Höhenmeter • 13 km • 7 Stunden

Ausrüstung Im Karststock befinden sich keine Quellen, deshalb genug zu trinken mitnehmen, eventuell Klettersteigset für den Schustersteig

Ausgangspunkt Von Hallein auf die Rossfeldstraße (Maut), auf dieser bis zum Parkstreifen an der Nordseite der Straße (1 520 m)

Zuerst auf breiter Schotterpiste etwa 100 Höhenmeter bergab in den Eckersattel, um dann bis zum Purtschellerhaus gleich rasant 300 Höhenmeter anzusteigen. Von dort über den Eckerfirst und über teilweise leichtes Klettergelände und gesicherte Felspassagen zur Weggabelung. Hier geht es entweder links durch den gesicherten „Kamin", der gerade im Frühsommer wegen des Gerölls und Altschnee

gefährlich sein kann, aber ansonsten der leichtere Anstieg ist. Oder man wählt die zweite Variante rechts über den „Schusterweg" (Klettersteig A/B). Nach diesen Steilpassagen auf dem Karstrücken auf den Gipfel. Abstieg wie Anstieg.

Variante Göllüberschreitung Außerdem bietet sich die durchaus selektive Überschreitung zum Summit von Golling 51 an. Dafür geht es vom Hohen Göll nach Süden und auf bayerischer Seite nordwestlich des Großen Archenkopfes vorbei zu einem mit einem Stahlseil gesicherten kleinen Kamin. Von diesem in knapp 70 Höhenmetern zum höchsten Punkt von Golling, 16 Meter westsüdwestlich des gekennzeichneten Grenzsteins 133, etwa 400 Meter westlich des Großen Archenkopfes. Weiter wandert man nun über das Hohe Brett und das Jägerkreuz zum Carl-von-Stahl-Haus (kurze Stellen mit Stahlseil versichert). Vom Hohen Göll bis zum Carl-von-Stahl-Haus braucht man rund 3 ½ Stunden.

Variante Skitour (ZS) Vom Ausgangspunkt Hinterbrand knapp 2 Kilometer nach der Abzweigung zur Scharitzkehlalm (1 400 Höhenmeter, 6 Kilometer und 3 ½ Stunden Anstieg). Diese Skitour ist ein Frühjahrsklassiker im österreichisch-bayerischen Grenzgebiet. Vom Parkplatz geht es Richtung Südosten bis zum Sommerwandl. Durch dieses – stahlseilversichert, zumeist die Ski kurz tragend – schräg nach oben. Der weitere Anstieg durchs Alpeltal verläuft zuerst steil, weiter oben in dem karstigen Hochtal der Umgäng flacher werdend, um zum Gipfelanstieg nach links noch einmal aufzusteilen. Abfahrt wie Anstieg.

Golling nahe Grenzstein 133   2 392 m   **51**

Ranking	46 Salzburg (119)	4 Tennengau (13)

Koordinaten WGS84: 13,065123 W, 47,586334 N;
BMN M31: 429881,1; 271990,8

Karten BEV: UTM ÖK50 3210 Hallein und 3216 Bischofshofen; Kompass: 291 Rund um Salzburg

Summits in der Nähe
- **50** Kuchl – Hoher Göll
- **49** Hallein – Grenzstein 123, Rossfeld
- **42** Scheffau – Südlicher Wieselstein

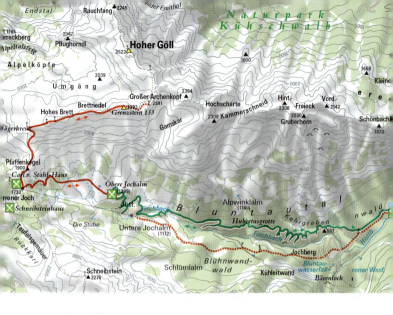

 **T3 • kombinierte Rad- und Bergtour •
1 900 Höhenmeter • 22 km • 10–11 Stunden**
Ausgangspunkt Bahnhof Golling (483 m)

Vom Ausgangspunkt mit dem Mountainbike bis zum Gasthof Bärenwirt im hinteren Bluntautal, Golling (507 m). Weiter auf relativ flacher Forststraße bis zur Oberjochalm (saisonal unterschiedliche Radfahrverbote beachten, abhängig von Sonnenauf- und Sonnenuntergang). Ab der Oberjochalm (1 399 m) zu Fuß weiter in einer knappen Stunde auf das Carl-von-Stahl-Haus (1 734 m). Vom Stahl-Haus auf dem Weg 451 nun steiler werdend Richtung Norden zum Jägerkreuz. Ab diesem dem breiten Rücken nach Osten folgend über das Hohe Brett (2 388 m) und den Brettriedel. Ab dem Jägerkreuz wird der Wegverlauf schwieriger, ist zum Teil mit Stahlseilen und -stiften

gesichert. Der höchste Punkt von Golling liegt 16 Meter westsüdwestlich des großzügig gekennzeichneten Grenzpunkts 133. (Vom Stahl-Haus sind das hin und retour 6 km und 3 ½ Stunden.)

Zurück auf gleichem Weg, die Abfahrt mit dem Rad hinunter nach Golling hat man sich verdient.

Variante Als reine Wanderung ab dem Gasthof Bärenhütte und von diesem zuerst flach (Weg Nr. 451) und orographisch rechts des Fischbaches, stets im Wald bis zur Unter-, dann zur Oberjochalm (1 399 m). Von dort in einer Stunde auf gut angelegtem alpinen Wanderweg zum Torrener Joch und zum Carl-von-Stahl-Haus (1 734 m, bis hier 3 ½ Stunden, Nächtigungsmöglichkeit). Weiter und retour wie oben.

Ankogel Nordwest-Wand 3 231 m (Bad Gastein) (64)

Torstein 2 948 m (Filzmoos) (72)
Hochkönig 2 941 m (Werfen & Mühlbach am Hochkönig) (52) (53)
Keeskogel 2 884 m (Hüttschlag) (66)
Mosermandl 2 680 m (Flachau) (69)
Faulkogel 2 654 m (Kleinarl) (67)
Silberpfennig 2 600 m (Bad Hofgastein) (63)
Großer Pleißlingkeil 2 501 m (Untertauern) (75)
Gamskarkogel 2 467 m (Großarl) (65)
Raucheck 2 430 m (Pfarrwerfen) (54)
Bleikogel 2 411 m (Werfenweng) (55)
Bleikogelrücken 2 386 m (St. Martin/Tennengebirge) (71)
Steinfeldspitze 2 344 m (Altenmarkt) (74)
Bernkogel 2 325 m (Dorfgastein) (62)
westl. Schulter der Höllwand 2 275 m (St. Veit) (59)
Rosskogel 2 254 m (Forstau) (76)
Gabel 2 037 m (Wagrain) (68)

Sonntagskogel 1 849 m (St. Johann im Pongau) (58)
Vorderes Labeneck 1 831 m (Radstadt) (73)
Hochgründeck 1 827 m (Bischofshofen & Hüttau) (56) (57)
Hochegg 1 817 m (Goldegg im Pongau) (61)
Gerzkopf 1 728 m (Eben) (70)

Urlsberg 857 m (Schwarzach im Pongau) (60)

52 Werfen Hochkönig 2 941 m

Ranking	14 Salzburg (119)	3 Pongau (25)	

Koordinaten WGS84: 13,062436 W, 47,420350 N,
BMN M31: 429614,1; 253537,2

Karten BEV: UTM ÖK50 3216 Bischofshofen und
3222 St. Johann im Pongau;
Kompass: 291 Rund um Salzburg;
Alpenverein: 10/2 Hochkönig – Hagengebirge

Summits in der Nähe

- 53 Mühlbach am Hochkönig – Hochkönig
- 98 Maria Alm – Hoher Kopf
- 99 Dienten – Hoher Kopf
- 61 Goldegg – Hochegg
- 60 Schwarzach – Urlsberg

Besonderheit Die Gemeinde Werfen ist die einzige Gemeinde im Bundesland Salzburg, die – sogar an zwei unterschiedlichen Punkten – sich mit jeweils drei anderen Gemeinden trifft; am nordöstlichen Grenzpunkt am Ausstieg der Ofenrinne trifft Werfen auf Golling, Scheffau und Pfarrwerfen. Am südwestlichen Grenzpunkt, direkt auf dem Hohen Kopf, trifft Werfen auf Mühlbach, Dienten und Maria Alm. Keine andere Gemeinde im Bundesland hat auch nur einen einzigen derartigen Kreuzungspunkt, an dem gleich vier Gemeinden aufeinanderstoßen. Der Gipfel des Hochkönigs ist auch der Summit von Mühlbach am Hochkönig `53`. Außerdem kann in einer weiteren guten halben Stunde unschwierig der Hohe Kopf (2 875 m; Summit von Maria Alm `98` und Dienten `99`) erreicht werden.

 T3 • 2 100 Höhenmeter • 30 km • **gut gefüllte Tagestour** • nur Aufstieg ca. 7 Stunden • ev. Nächtigung am Matrashaus einplanen (Reservierung notwendig)
Ausgangspunkt Gasthof Dielalm (1 014 m). Bis hierher mit dem Auto oder schon ab Werfen zu Fuß (1 Stunde) oder mit dem Taxi.

Von der Dielalm in zwei Stunden auf Forst- und Wanderwegen (6/401) zur Ostpreußenhütte (1 628 m). Ab der Ostpreußenhütte auf dem Weg 401 zuerst steiler und karstiger und dann in mehrfachem Auf und Ab auf dem Hochplateau in weiteren rund 5 Stunden zum Matrashaus auf dem Gipfel des Hochkönigs (2 41 m, Nächtigungsmöglichkeit). Abstieg wie Anstieg oder als Rundtour über die Mitterfeldalm

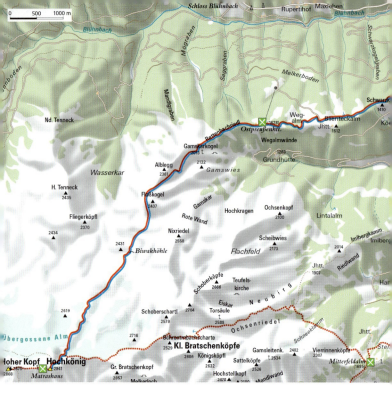

nach Nordosten in den Höllngraben nach Pfarrwerfen beziehungsweise ab der Mitterfeldalm nach Süden zum Arthurhaus nach Mühlbach. Die Länge der Tour macht sich allemal bezahlt. Sie führt durch landschaftlich zwar großteils karges und vegetationsloses, aber sehr beeindruckendes Gebiet (genügend Wasser mitnehmen).

 Variante Skitour
(WS • 2 100 hm • 15 km • 8–10 Stunden)
Zu empfehlen ist, die Skitour als Zweitagestour anzulegen. Der Winteranstieg folgt dem Sommeranstieg (Weg 401)

bis zur Ostpreußenhütte (620 hm, 5 km und 2 Stunden, Nächtigung, Reservierung erforderlich, von Ende Dezember bis Anfang März geöffnet). Von dort ebenfalls immer im Bereich des Sommeranstiegs (Stangen!) über den aufsteilenden Rettenbachriedel und dann in gleichmäßig steilem Auf und Ab Richtung Südwesten über den ehemaligen Gletscherbereich der Übergossenen Alm zum bereits von Weitem sichtbaren Matrashaus. Abfahrt wie Anstieg mit den notwendigen Gegenanstiegen in faszinierender Kulisse.

53 Mühlbach am Hochkönig Hochkönig 2 941 m

Ranking	14 Salzburg (119)	3 Pongau (25)	
Koordinaten	WGS84: 13,062448 W, 47,420330 N, BMN M31: 429614,9; 253534,9		
Karten	BEV: UTM ÖK50 3216 Bischofshofen und 3222 St. Johann im Pongau; Kompass: 291 Rund um Salzburg; Alpenverein: 10/2 Hochkönig – Hagengebirge		

Summits in der Nähe

- 52 Werfen – Hochkönig
- 98 Maria Alm – Hoher Kopf
- 99 Dienten – Hoher Kopf
- 61 Goldegg – Hochegg
- 60 Schwarzach – Urlsberg

T3 • 1 450 Höhenmeter • 19 km • 7–8 Stunden
Ausgangspunkt Zufahrt von Mühlbach zum Arthurhaus (1 502 m), auch mit Öffis gut erreichbar

Der Anstieg ab dem Arthurhaus auf den Hochkönig ist der relativ einfachste und kürzeste. Vom Ausgangspunkt wandert man entlang der gut ausgebauten Schotterstraße zur Mitterfeldalm (1 668 m). Ab hier geht es nach Nordosten ins Ochsenkar, unterhalb der Torsäule vorbei und über den Kniebeißer und die Schrammbachscharte auf das Karstplateau des ehemaligen Gletschers der Übergossenen Alm. Auf diesem in mehrfachem und langwierigem Auf und Ab, zuletzt leicht versichert, auf den Gemeindesummit von Mühlbach und das Matrashaus. Abstieg wie Anstieg.

Als Variante für den Abstieg kann jener durch das Birgkar in Erwägung gezogen werden. Unterhalb der Hochkönig–Südwände geht es zurück zum Ausgangspunkt. Außerdem lockt die Widdersbergalm mit einer gemütlichen Einkehr. Achtung: Im Birgkar finden sich bis in den Sommer noch Firnfelder, die steil und nicht leicht zu gehen sind (T5, Steinschlaggefahr; ev. Steigeisen erforderlich).

Variante Skitour (WS)

Die Skitour folgt dem Sommeranstieg. Unterhalb der Mandlwände gilt erhöhte Vorsicht wegen Lawinengefahr. Nur bei stabilen Schneeverhältnissen. Aufstieg 4 Stunden.

Pfarrwerfen Raucheck   2 430 m   54

Ranking   41 Salzburg (119)   11 Pongau (25)
Koordinaten WGS84: 13,226390 W, 47,499126 N,
           BMN M31: 441998,0; 262264,9
Karten   BEV: UTM ÖK50 3216 Bischofshofen;
           Kompass: 291 Rund um Salzburg;
           Alpenverein: 13 Tennengebirge

Summits in der Nähe

- 42 Scheffau – Südlicher Wieselstein
- 41 Abtenau – Bleikogel
- 55 Werfenweng – Bleikogel
- 71 St. Martin/Tg. – Bleikogelrücken
- 56 Bischofshofen – Hochgründeck
- 57 Hüttau – Hochgründeck

T6 • je nach Variante Klettersteig B, streckenweise Seilsicherungen • 1 300 Höhenmeter • 13 km • 8 Stunden

Ausrüstung Helm (steinschlaggefährdet), ev. Handschuhe, für Ungeübte Klettersteigset

Ausgangspunkt Ab Bahnübergang Pfarrwerfen scharf links, unter der Autobahn hindurch, dann den Wegweisern zum großen Parkplatz Unterholz (1 075 m, Parkgebühr) folgen.

Richtung Nordosten zum Alpengasthof Mahdegg (Weg 32) und über den Werfener Hüttenweg, den Tanzboden und viele Serpentinen zur Werfener Hütte. Weiter Richtung Nordwesten unterhalb des Werfener Hochthrons vorbei zur Thronleiter (leicht überhängende Eisenleiter). Dann wieder weniger steil, jedoch stellenweise mit Seilsicherungen weiter und über den heiklen Nordgrat bis zur Abzweigung. An dieser links zum Raucheck und in 45 Minuten auf den Gipfel. Zurück bis zur Abzweigung, an dieser dann aber Richtung Südwest teils ausgesetzt Richtung Mahdegg und zum Ausgangspunkt.

Werfenweng Bleikogel 2 411 m 55

Ranking	42 Salzburg (119)	12 Pongau (25)
Koordinaten	WGS84: 13,298402 W, 47,514075 N, BMN M31: 447424,7; 263921,8	
Karten	BEV: UTM ÖK50 3216 Bischofshofen; Kompass: 291 Rund um Salzburg; Alpenverein: 13 Tennengebirge	

Summits in der Nähe
- 41 Abtenau – Bleikogel
- 71 St. Martin/Tg. – Bleikogel Südrücken
- 54 Pfarrwerfen – Raucheck
- 42 Scheffau – Südlicher Wieselstein
- 70 Eben – Gerzkopf

Besonderheit Der Bleikogel ist zugleich der Summit von Abtenau 41 und etwa 160 Meter weiter südlich befindet sich der Summit von St. Martin am Tennengebirge 71.

T3 • 1 600 Höhenmeter • 16 km • 8 Stunden • technisch unschwierige, aber lange Tour auf den zweithöchsten Gipfel des Tennengebirges • Orientierungssinn auf dem Plateau notwendig – bei Nebel kann diese Tour schnell schwierig werden.
Ausgangspunkt Gasthof Wengerau, Werfenweng (970 m)

Über breite, teils steile Karrenwege, später auf latschengesäumtem Wanderweg zur Dr.-Heinrich-Hackel-Hütte (1 526 m). Hinter dieser Richtung Norden, mitunter steil und meist sonnenexponiert in die Tauernscharte (2 103 m).

Ab hier in für das Karstplateau typischem Auf und Ab nordöstlich des Eiskogels vorbei zum Schubbühel (2334 m) und von dort in einer guten Stunde auf den Gipfel.

Variante Skitour (WS)

Die Route folgt sowohl im Auf- als auch im Abstieg dem Sommerweg. Alternativ bietet sich die Tennengebirgsüberquerung mit Skiern an (ZS). Aufstieg bis zum Bleikogel und dann direkt nach Norden über die Trickl (siehe Skitourenanstieg zum Summit **41**, Abtenau S. 125) nach Unterberg, Abtenau. Nur bei stabilen Verhältnissen und im Frühjahr, wenn der unterste Teil im Bereich des steilen Jägersteigs bereits aper ist. Eine andere Möglichkeit wäre, nach dem Gipfelhang Richtung Osten zur Laufener Hütte und über die Karalm und die Skipiste nach Abtenau abzufahren. Für die Überschreitung bietet sich die Anreise in die Wengerau (Ausgangspunkt) mit Zug und Taxi ab Bahnhof Pfarrwerfen an.

56 Bischofshofen Hochgründeck 1 827 m

Ranking	71 Salzburg (119)	21 Pongau (25)	

Koordinaten WGS84: 13,273128 W, 47,382092 N,
BMN M31: 445509,0; 249249,3

Karten BEV: UTM ÖK50 3216 Bischofshofen und 3222 St. Johann im Pongau; Kompass: 291 Rund um Salzburg; Alpenverein: 45/1 Niedere Tauern I

Summits in der Nähe
- 57 Hüttau – Hochgründeck
- 58 St. Johann – Sonntagskogel
- 68 Wagrain – Gabel
- 60 Schwarzach – Urlsberg

Besonderheit Auf Basis der ALS-Daten liegt der höchste Punkt von Hüttau 57 5,7 Meter südöstlich und ist 20 Zentimeter höher.

**T2 • 840 Höhenmeter • 8,7 km • 4 ½ Stunden
Ausgangspunkt** Ronach (973 m), südöstlich von Bischofshofen, Parkplätze vorhanden

Verhältnismäßig einfache Tour über Forststraßen und alpine Wanderwege, die als Rundtour absolviert werden kann. Schöner Aussichtsgipfel, der mit dem höchsten Punkt von Hüttau 57 auch einen Doppelsummit darstellt.

Variante Mountainbike Vom Bahnhof Bischofshofen auf dem Salzachradweg nach Süden bis Urreiting. Dem Güterweg Huttegg, Pilzegg Richtung Osten bis auf die Forststraße zum Mittergründeck folgen und von dort auf der MTB-Route zum Heinrich-Kiener-Haus und das letzte Stück zu Fuß auf den Gipfel.

57 Hüttau Hochgründeck 1 827 m

Ranking	71 Salzburg (119)	21 Pongau (25)
Koordinaten	WGS84: 13,273197 W, 47,382071 N, BMN M31: 445514,3; 249246,9	
Karten	BEV: UTM ÖK50 3216 Bischofshofen und 3222 St. Johann im Pongau; Kompass: 291 Rund um Salzburg; Alpenverein: 45/1 Niedere Tauern I	

Summits in der Nähe
- 56 Bischofshofen – Hochgründeck
- 58 St. Johann – Sonntagskogel
- 68 Wagrain – Gabel
- 60 Schwarzach – Urlsberg

T2 • 570 Höhenmeter • 9 km • 3 Stunden
Ausgangspunkt Berggasthof Klammalm (1 258 m) von Hüttau

Vom Ausgangspunkt geht es entlang des Meditations- und Friedenspfades (Weg 452) in den Hofersattel. Von diesem Richtung Süden entlang des breiten Rückens auf den Gipfel des Hochgründecks. Das Hochgründeck liegt südöstlich des Weges, der unterhalb des Gipfels zum Heinrich-Kiener-Haus quert. Vom Gipfel zum Schutzhaus und zur St.-Vinzenz-Friedenskirche geht es etwa 700 Meter nach Westen und 40 Höhenmeter bergab. Der Rückweg erfolgt bis in den Hofersattel auf dem leicht fallenden Wanderweg und dann auf dem Anstiegsweg.

Hüttau teilt sich das Hochgründeck als Doppelsummit mit Bischofshofen 56 .

Variante Mountainbiketour

Ab Hüttau auf der Asphaltstraße bis zum Berggasthof Klammalm. Von dort auf der markierten MTB-Strecke 19 in den Ginausattel und von Süden zum Heinrich-Kiener-Haus. Allenfalls zu Fuß auf den Gipfel.

58 St. Johann im Pongau Sonntagskogel 1 849 m

Ranking	68 Salzburg (119)	19 Pongau (25)

Koordinaten WGS84: 13,258454 W, 47,302038 N,
BMN M31: 444392,1; 240350,1

Karten BEV: UTM ÖK50 3222 St. Johann im Pongau; Kompass: 291 Rund um Salzburg; Alpenverein: 45/1 Niedere Tauern I

Summits in der Nähe

- 68 Wagrain – Gabel
- 59 St. Veit – Höllwand
- 57 Hüttau – Hochgründeck
- 56 Bischofshofen – Hochgründeck

T1 • 180 Höhenmeter hin und 120 Höhenmeter retour ab Gernkogel • 5 km • 1 ½ Stunden

Ausgangspunkt Talstation der Gondelbahn in St. Johann Alpendorf (Anfang Juni bis Mitte Oktober)

Ab der Bergstation am besten mit dem Geisterzug auf den Gernkogel (1787 m). Von dort in weitem, touristisch geprägtem Almgelände auf breiten Schotterpisten etwa 120 Höhenmeter bergab in den Sattel zwischen Gernkogel und Sonntagskogel. Von diesem dann auf ebensolchen Wegen zur Bergstation des Sesselliftes und die letzten Höhenmeter auf einem schmalen Wanderweg auf den Gipfel

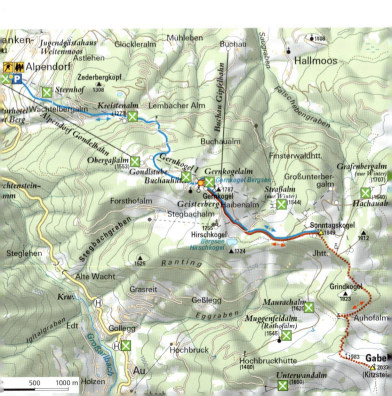

des Sonntagskogels, der eine wunderbare Aussicht bietet. Zurück auf dem gleichen Weg mit Gegenanstieg auf den Gernkogel.

Diese Tour lässt sich gut mit dem Summit von Wagrain, der Gabel (68 auch Kitzstein, 2 037 m, T2) kombinieren: Dafür wird der Sonntagskogel Richtung Süden in den Sattel bei der Auhofalm verlassen (Weg 712). Von dort steil zum vorgelagerten Gipfelkreuz auf 1 983 Meter und weiter nach Osten unschwierig auf den Summit von Wagrain.

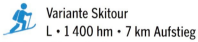

Variante Skitour
L • 1 400 hm • 7 km Aufstieg

Ab dem Alpendorf steigt man am Rand der Skipiste über den Gernkogel auf den Sonntagskogel. Mit Gegenanstieg bei der Abfahrt zum Ausgangspunkt.

St. Veit westliche Schulter der Höllwand 2 275 m 59

Ranking 56 Salzburg (119)   16 Pongau (25)
Koordinaten WGS84: 13,162586 W, 47,282550 N,
BMN M31: 437137,0; 238195,0
Karten BEV: UTM ÖK50 3222 St. Johann im Pongau;
Kompass: 50 Nationalpark Hohe Tauern;
Alpenverein: 45/1 Niedere Tauern I

Summits in der Nähe
- 60 Schwarzach – Urlsberg
- 58 St. Johann – Sonntagskogel
- 68 Wagrain – Gabel

Pongau

T3 • Kombinierte Mountainbiketour und Bergwanderung mit 1 530 Höhenmetern • 13 Kilometer • 7–8 Stunden

Ausgangspunkt Parkplatz östlich des Ausgleichbeckens in Brandstätt, Oberuntersberg (755 m)

Ab Brandstatt mit dem Rad bis zur Herzogalm (1 543 m). Von dort zu Fuß Richtung Osten zum Heukareck (2 100 m) und dann nach Süden auf dem im Jahr 2016 sanierten alten Jägersteig über den Sandkogel (2 249 m) in die Einsattelung westlich des Höllwandgipfels. Dieser Abschnitt kann gerade bei Nässe recht rutschig sein und es ist Vorsicht geboten. Ab der Einsattelung Richtung Osten auf den

höchsten Punkt von St. Veit, der durch das Gipfelkreuz der Höllwand markiert wird. Für den Abstieg kurz vom Gipfel zurück und dann weiter südlich auf den Schiedreitspitz und noch weiter Richtung Süden, bis der Weg nach Westen zur Schernbergalm abzweigt. Teilweise auf dem Wanderweg, teilweise auf der Forststraße hinunter zur Herzogalm und mit dem Mountainbike zu Tal.

Variante Wer gerne Mountainbike fährt, kann auch über die Forststraße bis zur Schernbergalm radeln und in weiterer Folge auf dem Rücken nach Norden und über den Schiedreitspitz (2 094 m) auf dem steilen Wiesenhang zum höchsten Punkt von St. Veit aufsteigen. Der Abstieg folgt dem Anstieg.

Achtung Das Gipfelkreuz steht auf dem Gemeindegebiet von St. Veit auf 2 275 m Seehöhe und ist damit der Summit von St. Veit. Der Gipfel selbst (der höchste Punkt) liegt 100 Streckenmeter und 12 Höhenmeter weiter östlich auf Großarler Gemeindegebiet (2 287 m).

60 Schwarzach im Pongau Urlsberg 857 m

Ranking	97 Salzburg (119) 25 Pongau (25)
Koordinaten	WGS84: 13,129880 W, 47,322637 N, BMN M31: 434674,6; 242657,9
Karten	BEV: UTM ÖK50 3222 St. Johann im Pongau; Kompass: 291 Rund um Salzburg; Alpenverein: 45/1 Niedere Tauern I

Summits in der Nähe
- 59 St. Veit – Höllwand
- 61 Goldegg – Hochegg
- 58 St. Johann – Sonntagskogel

Besonderheit Der Urlsberg ist mit 857 Metern der niedrigste Gemeindesummit im Bezirk Pongau. Das Delta zum höchsten Gemeindesummit (Nordwestwand des Ankogels 64, Bad Gastein, 3 231 m) beträgt damit 2 374 m.

T1 • 100 Höhenmeter • 1 300 Meter • 45 Minuten
Ausgangspunkt Schloss Schernberg (760 m)

Vom Schloss spaziert man in westlicher Richtung auf der Straße Richtung Goldegg bergauf. Je nach Vegetationsstand der landwirtschaftlichen Wiesen Richtung Südwesten auf den unmarkierten Grashügel des Urlsbergs (GPS-Koordinaten notwendig).

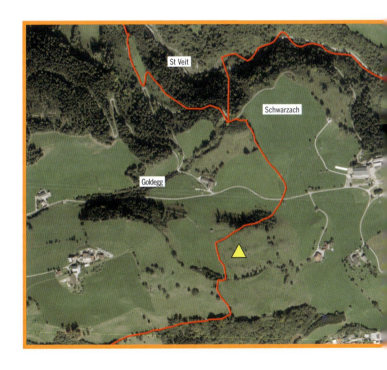

61 Goldegg im Pongau Hochegg 1817 m

| Ranking | 73 Salzburg (119) | 23 Pongau (25) |

Koordinaten WGS84: 13,072756 W, 47,352212 N,
BMN M31: 430367,1; 245959,1

Karten BEV: UTM ÖK50 3222 St. Johann im Pongau;
Kompass: 291 Rund um Salzburg;
Alpenverein: 45/1 Niedere Tauern I

Summits in der Nähe

- 60 Schwarzach im Pongau – Urlsberg
- 53 Mühlbach am Hochkönig – Hochkönig
- 52 Werfen – Hochkönig
- 99 Dienten – Hoher Kopf
- 98 Maria Alm – Hoher Kopf

T2 • 680 Höhenmeter • 8 km • 3 ½ Stunden
Ausgangspunkt Parkplatz in Goldegg-Weng, in der letzten Kehre kurz vor Hochploin (1 140 m)

Vom Parkplatz ein paar Meter bergauf bis zur Abzweigung einer Forststraße nach rechts (Weg 447, Teil des Salzburger Almenweges). Dieser folgen, bis sie in einen Waldwanderweg übergeht. An der Schrempfalm vorbei und über das Gamskögerl (1 746 m, kurze seilversicherte Stelle im Abstieg Richtung Norden) über den flachen, Richtung Nordost streichenden Rücken unschwierig auf das Hochegg. Abstieg wie Anstieg. Von Goldegg bis zum Parkplatz lohnt auch die Auffahrt mit dem Mountainbike (6 km, ca. 320 hm).

62 Dorfgastein Bernkogel 2 325 m

Ranking	52 Salzburg (119)	15 Pongau (25)
Koordinaten	WGS84: 13,043279 W, 47,248848 N, BMN M31: 428096,8; 234475,2	
Karten	BEV: UTM ÖK50 3222 St. Johann im Pongau; Kompass: 50 Nationalpark Hohe Tauern; Alpenverein: 45/1 Niedere Tauern I	

Summits in der Nähe

- 59 St. Veit – Höllwand
- 60 Schwarzach im Pongau – Urlsberg
- 105 Taxenbach – Achenkopf

Besonderheit Der Bernkogel ist auch der höchste Punkt der Pinzgauer Gemeinde Lend 106.

T3 • 1 485 Höhenmeter • 22 km •
6–7 Stunden

Ausgangspunkt Unterberg, Dorfgastein (840 m)

Mit dem Mountainbike bis zur Amoser Niederalm (3,5 km, 360 hm). Von dort zu Fuß auf der Forststraße zur Lehenalm und erst ab dieser auf einem Wanderweg auf das Rauchkögerl (1 810 m, Aussichtsberg). Ab hier auf dem zum Teil schmalen Rücken über das Kreuzkögerl und das Hahnbalzköpfl auf dem Salzburger Almenweg zur Amoser Höhe. Nun den Bernkogel westlich umrundend mit abschüssigen Passagen und von Westen auf den Gipfel. Der Abstieg führt über die heiklen Stellen retour und bei der Abzweigung auf der Amoser Höhe Richtung Osten bergab zur Amoser Hochalm. Ab hier nun mitunter langatmig auf Forststraßen hinunter zur Niederalm und mit dem Rad wieder ins Tal.

63 Bad Hofgastein Silberpfennig 2 600 m

Ranking	30 Salzburg (119)	8 Pongau (25)

Koordinaten WGS84: 13,041460 W, 47,089128 N,
BMN M31: 427892,1; 216718,9

Karten BEV: UTM ÖK50 3228 Bad Hofgastein;
Kompass: 50 Nationalpark Hohe Tauern;
Alpenverein: 45/1 Niedere Tauern I und 42 Sonnblick

Summits in der Nähe
107 Rauris – Hocharn
65 Großarl – Gamskarkogel
64 Bad Gastein – Ankogel

**WS • 1 650 Höhenmeter • 9 km und
6 Stunden Anstieg • beste Zeit: ganzer Winter**

kurze Variante 550 Höhenmeter • 5,5 km • 3 Stunden für den Anstieg

Ausgangspunkt Parkplatz bei den Angertalliften (1 180 m)

Die lange und verhältnismäßig selten begangene Skitour auf den höchsten Punkt von Bad Hofgastein führt zunächst von den Parkplätzen bei den Angertalliften etwa 250 Höhenmeter Richtung Südwesten auf der Piste der Schlossalmbahn hinauf. Dann auf der Piste knapp 200 Höhenmeter Richtung Nordwesten. Bei der Querung mit der blauen Piste (1 370 m) auf dieser nach links und in der

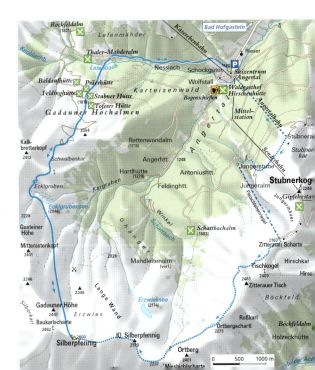

Kehre geradeaus dem Fahrweg nach Westen ins Lafenbachtal folgen. Gut 200 Meter nach der Nesslachalm auf dem Sommerweg über die Holzbrücke und auf der Südseite des Lafenbaches taleinwärts bis zu den freien Hängen der Gadauner Hochalm. Auf diesen Richtung Südsüdwest durch das Schwalbenkar in Richtung Ecklgrube, deren Einstieg mit einem Kreuz an der Geländekante markiert ist. Kurze Abfahrt in die Ecklgrube und von dieser direkt Richtung Süden entweder über die Baukarlscharte und dann über den Westgrat oder in einem letzten Steilaufschwung direkt auf den Westgrat des Silberpfennigs und auf diesem auf den Gipfel. Bei dieser Tour sind aufgrund der Weitläufigkeit im Bereich der Gadauner Hochalmen gute und stabile Sichtverhältnisse vonnöten.

Abfahrt wie Anstieg mit gut 100 Höhenmetern Gegenanstieg aus der Ecklgrube.

Variante mit Liftbenützung (L) Die von den Höhenmetern und der vertikalen Wegdistanz kürzere Variante führt von der Angertal-Skistation mit zwei Sektionen auf die Zittauer Scharte (2 163 m). Nun im Wesentlichen dem Sommerweg (132 und 111) – auch Reichertweg – Richtung Südwesten in die Miesbichlscharte (2 237 m) folgen. Ab dieser je nach Verhältnissen auf dem Kamm über den Kleinen Silberpfennig oder diesen im Nordosten und Norden umgehen und von Osten her auf den Summit von Bad Hofgastein. Die Abfahrt folgt der oben beschriebenen Streckenführung.

Bad Gastein Ankogel, Nordwest-Wand 3 231 m **64**

Ranking	8 Salzburg (119)	1 Pongau (25)	

Koordinaten WGS84: 13,248380 W, 47,050967 N,
BMN M31: 443598,9; 212438,1

Karten BEV: UTM ÖK50 3228 Bad Hofgastein; Kompass:
50 Nationalpark Hohe Tauern; Alpenverein: 44
Hochalmspitze – Ankogel und ev. 42 Sonnblick

Summits in der Nähe
- 66 Hüttschlag – Keeskogel
- 91 Muhr – Großer Hafner
- 65 Großarl – Gamskarkogel

T4, III, mit Nächtigung auf dem Hannoverhaus (2 720 m) beim Aufstieg • für den Summit ist Kletter- bzw. Abseilausrüstung erforderlich • 2 380 Höhenmeter (mit Gegenanstieg) • 18 km • 1 ½ Tage
Ausgangspunkt Bahnhof Böckstein (1 172 m)

Vom Ausgangspunkt auf der Forststraße am Marienstein vorbei ins Anlauftal 3,3 Kilometer (45 Min.) bis zur Abzweigung nach rechts Richtung Korntauern auf den Mindener Weg. Über die schmale Holzbrücke, die den Anlaufbach quert und gleich steil die Felsstufe überwindend auf den gut angelegten Kulturwanderweg. Dann am Tauernbründl und später am Großen Tauernsee vorbei (diesen sieht man vom Weg aus nicht) zumeist entlang des Tauernbaches zum Korntauern (2 459 m, 1 110 hm, 4,3 km und 3 Stunden ab der Abzweigung). Vom Korntauern nun auf der Südseite des Alpenhauptkamms Richtung Hannoverhaus auf einem Teilstück des Zentralalpenweges 02. Etwa eine Stunde bis zum Lucketörl, nach diesem ein Stück bergab und in einer weiteren Stunde auf dem gut angelegten Steig, zum Schluss in einigen Serpentinen, in den Etschlsattel hinauf und an der Bergstation der Ankogelseilbahn vorbei zum Hannoverhaus. Hier nächtigen.

Am nächsten Morgen wieder zurück zur Seilbahnstation auf dem 02er-Weg leicht bergab und bei der Abzweigung nach etwa 45 Minuten nach links Richtung Ankogel, der nun schon sichtbar ist. Bis zum Kleinen Ankogel (3 096 m) steigt der gut markierte Weg wieder an und die letzten 150 Höhenmeter auf den Großen Ankogel sind teilweise leicht zu kraxeln (Ier-Stellen).

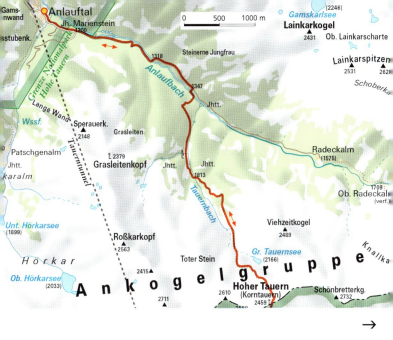

Der höchste Punkt von Bad Gastein ist aber nicht der Gipfel des Großen Ankogels, da die Gemeinde-, Bezirks- und Landesgrenze nicht über den Gipfel verläuft und diese nicht deckungsgleich mit der naturräumlichen Grenze des Kammverlaufes ist, sondern leicht westlich davon. Damit liegt der Gipfel des Ankogels mit 3252 Meter auf Kärntner Landesgebiet in der Gemeinde Malta und der höchste Punkt von Bad Gastein befindet sich 29 Streckenmeter und 21 Höhenmeter weiter südwestlich auf 3231 Meter in der Nordwestflanke des Ankogelgipfels. Vom Gipfelkreuz des Ankogels etwa 20 Meter Richtung Norden in die Scharte vor dem offensichtlich höchsten Punkt des Ankogelgipfels. Links (westlich) dieser Scharte liegt der Summit von Bad Gastein rund 20 Meter tiefer

Richtung Nordwestflanke. Um dorthin zu gelangen, ist ein Abseilen notwendig. Sicherungsmöglichkeiten im Bereich des Gipfelgrates scheinen rar. Eine Alternative wäre der Quergang, der gerne als Zustieg für die Skiabfahrt in die Westrinne begangen wird. Am Ende dieses breiten Bandes muss zum höchsten Punkt von Bad Gastein hinaufgeklettert werden. GPS-Koordinaten erforderlich.

Zum Trost für Bad Gastein bleibt dieser höchste Punkt in der Nordwestflanke des Ankogels der höchste Punkt im Bezirk Pongau.

Der Abstieg folgt dem Anstiegsweg, als Abstiegsalternative kann die Ankogelseilbahn ins Seebachtal verwendet werden, mit dem Bus geht es dann nach Mallnitz zum Bahnhof und mit der Bahn zurück nach Böckstein.

Großarl Gamskarkogel 2 467 m 65

Ranking 39 Salzburg (119) 10 Pongau (25)
Koordinaten WGS84: 13,158512 W, 47,160943 N,
BMN M31: 436798,1; 224676,0
Karten BEV: UTM ÖK50 3222 St. Johann und 3228 Bad Hofgastein; Kompass: 50 Nationalpark Hohe Tauern; Alpenverein: 45/1 Niedere Tauern I

Summits in der Nähe

- 66 Hüttschlag – Keeskogel
- 63 Bad Hofgastein – Silberpfennig
- 62 Dorfgastein – Bernkogel
- 106 Lend – Bernkogel

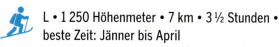 L • 1 250 Höhenmeter • 7 km • 3 ½ Stunden • beste Zeit: Jänner bis April

Ausgangspunkt Direkt vor dem Hüttschlager Tunnel rechts und bis hinter den letzten Bauernhof; linkerhand Parkplätze (1 240 m)

Entlang der Forststraße im Graben des Tofererbaches zur Oberharbachalm, das Bachbett queren und steiler zur Tofernalm. Ab der Tofernalm nach Westen und nach einem steilen Aufschwung in dem nordostverlaufenden Gipfelkar grob Richtung Südwesten. Die meist vorhandene Gipfelwechte wird an geeigneter Stelle umgangen, dann ist der Gipfel und die im Winter nicht bewirtschaftete Badgasteiner Hütte erreicht. Der höchste Punkt ist die südliche Ecke der Gasteiner Hütte. Das Gipfelkreuz, das nicht auf dem höchsten Punkt steht, liegt 63 Meter weiter südlich und 3 Meter niedriger, direkt am Schnittpunkt der Gemeindegrenzen von Großarl, Bad Gastein und Bad Hofgastein. Abfahrt entweder im Bereich der Aufstiegsspur oder vom Gipfel zuerst in die Tofernscharte und von dort zur Tofernalm.

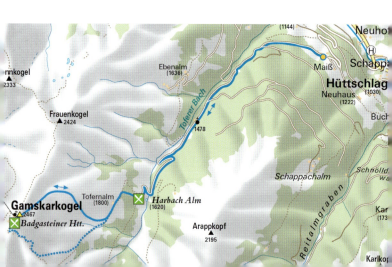

Hüttschlag Keeskogel 2 884 m 66

Ranking 16 Salzburg (119) 5 Pongau (25)
Koordinaten WGS84: 13,277334 W, 47,095171 N,
BMN M31: 445802,5; 217350,3
Karten BEV: UTM ÖK50 3228 Bad Hofgastein; Kompass: 50 Nationalpark Hohe Tauern; Alpenverein: 45/1 Niedere Tauern I und 44 Hochalmspitze – Ankogel

Summits in der Nähe
- 64 Bad Gastein – Ankogel
- 91 Muhr – Großer Hafner
- 77 Zederhaus – Weißeck

ZS • 1 850 Höhenmeter • 8,5 km • 5 Stunden im Aufstieg

Schwierigkeit lang, im unteren Teil bei Aufstieg und Abfahrt bei beiden Varianten Gefühl für das Gelände und Orientierungssinn notwendig; beste Zeit: März, April

Ausgangspunkt Am Ende des Großarltales auf dem großen Parkplatz beim Talwirt in Hüttschlag (1 040 m)

Die lange, anspruchsvolle, ausgesprochen schöne und meist recht einsame Skitour auf den Gemeindesummit von Hüttschlag führt auf den Keeskogel, den höchsten Gipfel im Großarltal. Vom Parkplatz geht es rechts über den Großarlbach und zur Kapelle und zum Gehöft Pertill. Weiter durch den teilweise recht steilen Modereggraben aufwärts. Auf etwa 1 650 Meter nach links zur Modereggalm und aus dem Wald heraus auf die nun folgenden freien Hänge. Nach Südsüdwest Richtung Mandlkogel und auf einer Höhe von rund 2 150 Meter unterhalb der markanten Geländekante und oberhalb der Lienalm über deren weite Flächen. Weiter die lange Querung ins Gstößkar und zu guter Letzt eine gute Stunde steiler werdend in die nordwestliche Scharte des Keeskogels. Von der Scharte je nach Verhältnissen (abgeblasen, Steine) auf den Gipfel. Abfahrt wie Aufstieg mit kurzem Gegenanstieg im Bereich der flachen Querung unterhalb des Mandlkopfes. Eine andere Möglichkeit ist die Abfahrt direkt durch das Gstößkar zwischen Lien- und Gstößalm, östlich des Lienkogels. Dazu unbedingt oberhalb der Steilabbrüche und Wasserfälle den Jägersteig anpeilen, der dann in einer großen Kehre zur Holzknechthütte und auf den

Talboden führt. Die Abfahrtsvariante kann auch im Anstieg begangen werden und unterscheidet sich in Länge und Anforderung kaum von der erstgenannten. Gutes Orientierungsvermögen, Kartenstudium und/oder lokal heruntergeladenes, offline verfügbares Kartenmaterial mit entsprechender App wird empfohlen.

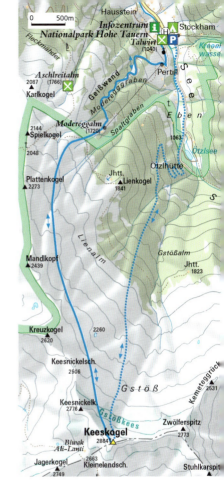

67 Kleinarl Faulkogel 2 654 m

Ranking	25 Salzburg (119)	7 Pongau (25)	

Koordinaten WGS84: 13,371901 W, 47,216492 N,
BMN M31: 452976,0; 230837,1

Karten BEV: UTM ÖK50 3223 Radstadt, je nach Variante auch 3222 St. Johann im Pongau, 3228 Bad Hofgastein und 3229 St. Michael; Kompass: 50 Nationalpark Hohe Tauern; Alpenverein: 45/1 Niedere Tauern I und 45/2 Niedere Tauern II

Summits in der Nähe
- 69 Flachau – Mosermandl
- 77 Zederhaus – Weißeck
- 74 Altenmarkt – Steinfeldspitze

T4, I • 2 400 Höhenmeter • 41 km

Zweitagestour mit Start/Ziel beim Jägersee; der Anstieg auf den Faulkogel führt klassischerweise von Flachauwinkl über das Marbachtal; der Anstieg von Kleinarl aus startet beim Jägersee. Eine Überschreitung nach Flachauwinkl ist möglich

Ausgangspunkt Zufahrt zum Kleinarler Talschluss, Parken beim Jägersee (1 099 m), bis hierher mit dem Autobus möglich

Diese Zweitagestour führt von Kleinarl über die Tappenkarseehütte und die Franz-Fischer-Hütte auf dem Normalweg auf den Faulkogel. Beide Hütten bieten Möglichkeiten zur Nächtigung, daher kann diese Tour auch mit zweimaliger Übernachtung geplant werden. Entweder

links oder rechts um den Jägersee herum, zuerst flach entlang des Kleinarlbaches zur Schwabalm (diese gut 3 Kilometer der Strecke können auf der mautpflichtigen Straße mit dem PKW absolviert werden). Danach geht es zu Fuß durch lichte Wälder in etlichen flachen Serpentinen an die Karschwelle des Tappenkarsees bergauf. Am Westufer des Sees flach bis zur Tappenkarseehütte (1820 m, 8,5 km, 2½ Stunden). Von der Tappenkarseehütte 450 Höhenmeter auf dem Zentralalpenweg 02 über Almgelände in die Weißgrubenscharte (2255 m) und leicht fallend zur Franz-Fischer-Hütte (2018 m, 460 hm bergauf, 250 hm bergab, 5,5 km, 2¾ Stunden ab der Tappenkarseehütte). Von der Franz-Fischer-Hütte im Zauncrkar 300 Höhenmeter bergauf in die Windischscharte, gut 250 Höhenmeter hinunter zum Neukarsee und über die Neukarscharte zum Teil ausgesetzt und mit klettersteigähnlichen, drahtseilversicherten Passagen über den Nordgrat (Normalweg, I). Achtung: Bis spät in den Sommer ist in der nordseitigen Rinne mit Schnee zu rechnen. Stellenweise auf Bändern querend zum Gipfelkreuz (2654 m, 850 hm bergauf, 250 bergab, 6,5 km, 3 Stunden ab der Fischer-Hütte). Abstieg wie Anstieg.

Variante Überschreitung (T4, I • 2 000 Höhenmeter • 30 km bis zur Bushaltestelle Flachauwinkl/Marbachalm oder Gasthofalm • zweitägig • Busfahrt ab Wagrain vorteilhaft)

Für den Abstieg nach Flachauwinkl geht es an der Abzweigung oberhalb des Neukarsees nach Norden stellenweise steil und stahlseilversichert auf Geröll- und Wiesensteigen zur Ursprungalm und das Marbachtal hinaus zur Bushaltestelle. Mit dem Bus retour über Flachau nach Wagrain.

Wagrain Gabel 2 037 m 68

Ranking	62 Salzburg (119)	18 Pongau (25)
Koordinaten	WGS84: 13,269280 W, 47,284317 N,	
	BMN M31: 445209,2; 238379,0	
Karten	BEV: UTM ÖK50 3222 St. Johann im Pongau;	
	Kompass: 50 Nationalpark Hohe Tauern;	
	Alpenverein: 45/1 Niedere Tauern I	

Summits in der Nähe
- 58 St. Johann – Sonntagskogel
- 59 St. Veit – Höllwand
- 67 Kleinarl – Faulkogel

T2 • 700 Höhenmeter • 12 km • 4–5 Stunden
Ausgangspunkt Südlich des Ortszentrums von Wagrain mit der Grafenbergbahn zur Bergstation (1 705 m)

Von der Bergstation auf breitem Almweg in leicht kuppiertem Gelände bis zur Kreuzung mit dem Salzburger Almenweg (knapp 1,5 km, ½ Stunde). Ein kurzer Abstecher von 100 Höhenmetern nach Nordwesten ermöglicht es, den Sonntagskogel 58, den Gemeindesummit von St. Johann, mitzunehmen. Zurück auf dem Almenweg (712) östlich um den Grindkogel herum zur Auhofalm und ab hier steiler werdend zu dem etwas Trittsicherheit erfordernden Westgrat auf die Gabel (auch Kitzstein oder Gobbi, 2037 m), den höchsten Punkt im Gemeindegebiet von Wagrain. Wer bereits genug hat, wandert für den Abstieg auf dem Anstiegsweg retour zur Bergstation der Grafenbergbahn. Ein längerer, aber landschaftlich reizvoller Abstieg führt an der Westseite der Gabel zurück auf den Salzburger Almenweg und entweder direkt auf dem Weg 712 – sonst über den Penkkopf (2011 m) – zur Kleinarler Hütte. Diese ist von der Kleinarler Seite ein beliebtes Familienausflugsziel. Von hier über den gut angelegten Weg 712 ohne Schwierigkeiten ins Tal nach Kleinarl und mit dem Bus zurück.

Variante Skitour
L • 800 Höhenmeter • 7 km • 2½ Stunden • beste Zeit: Hochwinter

Die Skitour führt von Großarl, Au, auf der Straße bis zum Parkplatz der Breitebenalm auf 1200 Meter. Ab hier auf der geräumten Schneefahrbahn bis zur im Winter geschlossenen Breitebenalm. Nun auf der südwest-gerichteten Wiese und durch einen schmalen Waldgürtel bergauf und über sanfte Wiesenhänge bis unterhalb des Gipfelaufbaus.

69 Flachau Mosermandl 2 680 m

Ranking	24 Salzburg (119)	6 Pongau (25)	

Koordinaten WGS84: 13,395718 W, 47,206266 N,
BMN M31: 454780,9; 229701,1
Karten BEV: UTM ÖK50 3223 Radstadt;
Kompass: 50 Nationalpark Hohe Tauern;
Alpenverein: 45/2 Niedere Tauern II

Summits in der Nähe
- 67 Kleinarl – Faulkogel
- 77 Zederhaus – Weißeck
- 75 Untertauern – Großer Pleißlingkeil

T3 • 1 500 Höhenmeter • 18 km • 8 ½ Stunden
Ausgangspunkt Tauernalm in Flachauwinkl (1 192 m); Autobahnabfahrt Flachauwinkl und 7 km taleinwärts bis zur Tauernalm

Der Nordanstieg auf das Mosermandl ist bei Weitem weniger überlaufen als jene auf der Südseite und verläuft in imposanter Bergkulisse als anspruchsvolle Rundtour. Von der Gasthofalm geht es über das Nordportal der Tauernautobahn und in fünf flachen Serpentinen auf dem Fahrweg 711, der sich danach zu einem Wanderweg verjüngt,

zur verfallenen Oberen Gasthofalm. An der Ostflanke des Geißkopfes vorbei bis zur Weggabelung (2045 m, 2 Stunden). Für den Aufstieg über den Weg 731 an den nordöstlichen Ausläufer des Hochbirg und auf der Ostseite des großen Gasthofkares bis zum Beginn des mit Stahlseilen versicherten, schmalen, aber nicht sonderlich steilen Gipfelkamins. Durch diesen auf den Gipfel (4–5 Stunden).

Der Abstieg führt durch den Kamin wieder hinab und an dessen unterem Ende nach Westen Richtung Windischkopf und über den Weg 730 auf der Westseite des Gasthofkares und den Graikopf umrundend zurück zu der Weggabelung auf 2045 Meter. Von dort auf dem Anstiegsweg zurück.

Eben Gerzkopf 1 728 m 70

Ranking 77 Salzburg (119) 24 Pongau (25)
Koordinaten WGS84: 13,430536 W, 47,460261 N,
BMN M31: 457384,7; 257942,6
Karten BEV: UTM ÖK50 3217 Hallstatt;
Kompass: 291 Rund um Salzburg

Summits in der Nähe
- 40 Annaberg-Lungötz – Bischofsmütze
- 71 St. Martin/Tg. – Bleikogelrücken
- 41 Abtenau – Bleikogel
- 55 Werfenweng – Bleikogel

T1 • 650 Höhenmeter • 10 km • 4 Stunden • wenn bis zum Schranken nach dem Knappbauern gefahren wird (1 185 m, beschränkte Parkmöglichkeiten), verkürzt sich der Weg auf 7 km, 540 Höhenmeter und 2 ½ Stunden
Ausgangspunkt Von Eben 4 Kilometer auf der Straße Richtung Filzmoos bis Schattau, bis hierher auch mit dem Postbus möglich (890 m); dann Richtung Norden in den Schattbachgraben auf dem Weg 15 bis zum Schranken hinter dem Weiler Knapp (Knappbauer)

Nach dem Schranken zwei Kehren auf der Forststraße und unmittelbar nach einer langen Rechtskurve links ab auf einen Waldweg (Weg 15 oder 52A). Auf diesem zuerst in märchenhaft anmutendem Fichtenwald, dann über den lichten südostorientierten und latschenbestandenen

Rücken auf den östlichen Ausläufer des Gerzkopfes. An der Abzweigung nach links und in das von der Schwarzen Lacke dominierte und von zahlreichen Tümpeln durchzogene Hochmoor des Europaschutzgebietes des Gerzkopfgipfels. Von der flachen Gipfelkuppe bieten sich grandiose Ausblicke einerseits auf das umgebende Hochmoor, andererseits auf die schroffen Kalkgebirgsstöcke von Hochkönig, Tennengebirge, Bischofsmütze und Dachstein sowie in die Niederen Tauern Richtung Süden. Der Abstieg erfolgt über den zu Beginn nicht markierten, aber gut erkennbaren Weg auf dem direkt nach Süden verlaufenden Rücken. Dazu orientiert man sich vom Gipfel wieder zurück zur Infotafel vor der Schwarzen Lacke, hier nach rechts und immer am Kammverlauf bleibend, bis dieser Steig in eine Forststraße mündet (Weg 16). Auf diesem zum Ausgangspunkt im Schattbachwinkl.

71 St. Martin **Bleikogelrücken** 2 386 m

Ranking	47 Salzburg (119)	13 Pongau (25)
Koordinaten	WGS84: 13,298560 W, 47,512624 N, BMN M31: 447436,5; 263760,5	
Karten	BEV: UTM ÖK50 3216 Bischofshofen und 3217 Hallstatt; Kompass: 291 Rund um Salzburg; Alpenverein: 13 Tennengebirge	

Summits in der Nähe
- 55 Werfenweng – Bleikogel
- 41 Abtenau – Bleikogel
- 54 Pfarrwerfen – Raucheck
- 42 Scheffau – Südlicher Wieselstein

🥾 **T4, I in der Schlüsselstelle • 1 900 Höhenmeter • 23 km • 9–11 Stunden • nur bei trockenen Verhältnissen, am besten im Herbst über einen der schönsten Anstiege im Tennengebirge**

Ausgangspunkt Parkplatz hinter dem Vorderhofgut im Oberen Lammertal (980 m)

Lange und streckenweise einsame Bergtour in außergewöhnlicher Kulisse: Vom Ausgangspunkt geht es zuerst gut 250 Meter zurück zur Abzweigung auf den „Scharfen Steig", der seinen Namen zu Recht trägt (Weg 224). Nach dem Queren der Lammer folgt man den Markierungen geradeaus auf den grasigen Schuttkegel. Der Steig wird im Wald steiler und mündet nach zahlreichen Serpentinen über der Waldgrenze in den Grünen Anger. Die Serpentinen werden sogar noch zahlreicher und ab der Nebelgasse, die vom

Hochkarfelderkopf rechts herunterzieht, beginnt der Scharfe Steig erst so richtig anspruchsvoll zu werden. Schrofiges, grasiges Gelände erfordert teilweise den Einsatz der Hände zum Anhalten an Grasbüscheln. Ein Sichern ist in dem grasbewachsenen Quergang nicht möglich, ein Ausrutschen oder ein Stolpern wäre fatal. Eine kleine Felsnische unterhalb des Edelweißkogels gewährt eine kurze Verschnaufpause, bevor sich der Steig nach dem steilen, schottrigen, grasbüscheligen Aufschwung endlich zurückneigt und man auf den letzten Metern zur Scharte wieder entspannter durchatmen kann. Der Abstieg zur Laufener Hütte ist dann bis auf einige rutschige Stellen problemlos. Ab hier unterhalb des Fritzerkogels Richtung Westen (Weg 211) in den

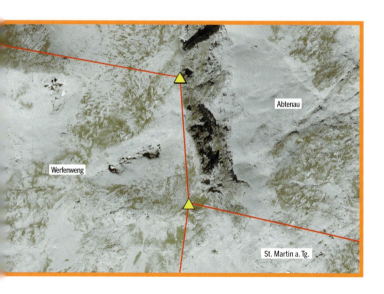

Fritzerkessel und den Bleikogel halb umrundend zum Schluss auf dessen Gipfel. Der Gipfel selbst ist der Summit von Abtenau **41** und Werfenweng **55**. Der höchste Punkt von St. Martin liegt 25 Meter niedriger und 160 Meter weiter südlich auf dem vorgelagerten, leicht nach Westen geneigten und nach Osten steil abfallenden Plateau. Auf diesem sind bereits zahlreiche Steinmanderl errichtet, wovon eines tatsächlich den höchsten Punkt von St. Martin markiert (GPS-Ortung). Der „Abstieg" führt in munterem Auf und Ab durch weite Teile des Tennengebirgsplateaus über den Schubbühel, unterhalb der Schartwand, des Eiskogels und des Tauernkogels bis kurz vor die Dr.-Heinrich-Hackel-Hütte. In den Latschen zweigt dort recht markant ein Steig nach links ab, der ohne großen Höhenverlust zum Jochriedel und für ein kurzes Streckenstück auf den Fernwanderweg 01 und den Salzburger Almenweg führt. Ab der Kote 1651 nach Norden in das oberste Lammertal und durch das ehemalige Truppenübungsareal der Aualm lang (4 km) und flach auf der Schotterstraße zurück zum Ausgangspunkt.

72 Filzmoos Torstein 2948 m

Ranking	12 Salzburg (119)	2 Pongau (25)

Koordinaten WGS84: 13,585208 W, 47,474633 N,
BMN M31: 469042,0; 259565,9
Karten BEV: UTM ÖK50 3217 Hallstatt;
Alpenverein: 14 Dachstein
Summits in der Nähe
40 Annaberg-Lungötz – Bischofsmütze
70 Eben – Gerzkopf
73 Radstadt – Vorderes Labeneck

T5, WS, IIer-Kletterstellen • Gletscher- und Kletterausrüstung • 1 900 Höhenmeter • 17 km • tagesfüllende Tour

Ausgangspunkt Mit dem Hüttentaxi zeitig von der Abzweigung zur Bachlalm im Graben der Kalten Mandling zur Abzweigung zum Windlegerkar vor der Bachlalm (1 453 m)

Von der Bachlalm (bzw. der Abzweigung 300 Meter davor) über Almengelände und durch Latschen nach Nordwesten, später nach Nordosten Richtung Windlegerkar. Bei der ersten Abzweigung nach rechts und kurz darauf, auf zirka 1 700 Meter nach links, in die nicht enden wollende Schotterrinne des Windlegerkares. Dieses in zahllosen Serpentinen bis zum teilweise versicherten Ausstieg auf anstehendem Gestein (2 401 m) in die Windlegerscharte. Nun den Torstein rechts liegen lassend über beeindruckende Karstlandschaft

und teilweise mit Drahtseilen und Trittbügeln versicherte Wegpassagen vom Torsteineck hinunter bis zu dem ausgeprägten Felsband unter der Schneebergwand und den markierten Weg zur Adamek-Hütte verlassen. Über das breite Band in gleichmäßiger Steigung bis an dessen Ende und steiler und weglos in kombiniertem Gelände Richtung Untere Windlucke und über das große Schneefeld auf die breite Torsteinwächte. Der Normalweg (II) quert hier in die Südwand und schwingt sich nach rechts in einer breiten, mäßig steilen Rinne auf den zweithöchsten Gemeindesummit im Pongau (Sicherungen über Felsköpfl angenehm). Der Abstieg folgt dem Anstiegsweg.

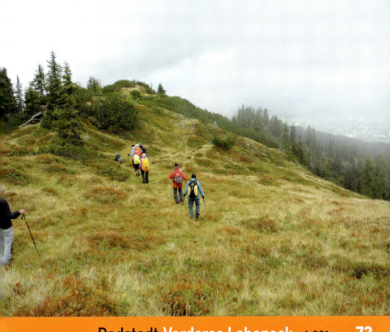

Radstadt **Vorderes Labeneck** 1 831 m **73**

Ranking 70 Salzburg (119)   20 Pongau (25)
Koordinaten WGS84: 13,471349 W, 47,336020 N,
 BMN M31: 460485,9; 244134,0
Karten BEV: UTM ÖK50 3223 Radstadt;
 Kompass: 291 Rund um Salzburg;
 Alpenverein: 45/2 Niedere Tauern II
Summits in der Nähe
 74 Altenmarkt – Steinfeldspitze
 76 Forstau – Rosskogel
 75 Untertauern – Großer Pleißlingkeil

L • beste Zeit: Hochwinter • 930 Höhenmeter • 2,5 Stunden für 6 km Anstieg

Ausgangspunkt Gasthof Walchhof (902 m), 4 Kilometer südlich von Radstadt an der Straße nach Untertauern

Vom Walchhof auf einem Güterweg, der kaum abgekürzt werden kann, zur Walchhofalm auf 1 266 Meter. Von dort über fallweise steilere Waldschneisen mit zweimaliger Überquerung eines Forstweges Richtung Südwesten. Im Bereich der Ampferkarhütte (Jagdhütte) auf den sanften, schütter bewaldeten Nordostrücken. Über diesen – vorzugsweise auf dem Nordgrat, aber je nach Schneeverhältnissen auch über den Nordostgrat oder direkt durch das Kar auf den unscheinbaren Gipfel. Die Abfahrt erfolgt je nach Schneeverhältnissen über die ostwärts gerichteten Hänge und trifft im Bereich der Forststraße wieder auf die Aufstiegsspur zur Walchhofalm.

Tipp Das Labeneck lohnt auch im Sommer einen Ausflug.

Altenmarkt Steinfeldspitze 2344 m 74

Ranking	50 Salzburg (119)	14 Pongau (25)
Koordinaten	WGS84: 13,451289 W, 47,266167 N,	
	BMN M31: 458981,4; 236365,4	
Karten	BEV: UTM ÖK50 3223 Radstadt;	
	Kompass: 50 Nationalpark Hohe Tauern;	
	Alpenverein: 45/2 Niedere Tauern II	

Summits in der Nähe

- 75 Untertauern – Großer Pleißlingkeil
- 69 Flachau – Mosermandl
- 73 Radstadt – Vorderes Labeneck

T4 • 1 000 Höhenmeter • 12 km • 4 ½ Stunden
Ausgangspunkt Parkplatz am Ende der Straße bei der Talstation der Zauchenseelifte Tauernkarbahn, Schwarzwandbahn und Gamskogel I (1 358 m)

Von Zauchensee auf der Almstraße geradeaus nach Süden zu den Oberzauchenseealmen und über eine Geländeschwelle vor dem Becken des verlandeten Oberzauchensees. Hier links halten (Weg 84) und der blauen Markierung durch lichten Wald, Latschen und Alpenrosensträucher in den Wiesensattel bei der Stubhöhe (1739 m) folgen. Nun steiler werdend durch lichten Wald in einem weiten Rechtsbogen Richtung Bärenstaffl und in dessen Nordflanke – kurze Stellen mit Drahtseilen gesichert – in die Scharte vor dem letzten Aufschwung. Auf dem Rücken,

in weiterer Folge aufsteilend und sich zu dem markanten Ostgrat verjüngend, teilweise über kurze drahtseilversicherte Stellen auf die Steinfeldspitze (2 344 m).

Der Abstieg folgt dem Grat westwärts in eine etwas ausgesetzte Scharte, dann über brüchiges, steiles Schrofengelände und an Drahtseilen entlang in eine weitere Scharte. Auf dem gut erkennbaren alpinen Steig auf dem Grat weiter, bis dieser in Nord-Süd-Richtung umschwenkt (weite Tiefblicke über die Grießwände bis auf die Tauernautobahn und den Schotterabbau). Östlich unter dem Schwarzkogel entlang zur Bergstation des Gamskogelliftes und dem Starthaus der Weltcupstrecke. Nordwärts zur Gamskogelhütte, dort nach rechts (ostwärts) auf einer Straße zur Oberzauchenseealm und auf dem Anstiegsweg nach Zauchensee zurück.

75 Untertauern Großer Pleißlingkeil 2501 m

Ranking 37 Salzburg (119) 9 Pongau (25)
Koordinaten WGS84: 13,490798 W, 47,227306 N,
 BMN M31: 461979,9; 232050,2
Karten BEV: UTM ÖK50 3223 Radstadt;
 Kompass: 50 Nationalpark Hohe Tauern;
 Alpenverein: 45/2 Niedere Tauern II

Summits in der Nähe

78 Tweng – Hochfeind Ostgipfel
74 Altenmarkt – Steinfeldspitze
69 Flachau – Mosermandl

T4, I • 1 500 Höhenmeter • 22 km • 9–10 Stunden
Ausgangspunkt Vordergnadenalm auf dem Weg von Untertauern nach Obertauern (1 282 m).

Eine wunderschöne Vier-Gipfel-Tour, die fakultativ mit einer Nächtigung – entweder vor oder nach der Tour – auf der Südwiener Hütte verbunden werden kann: Von der Vordergnadenalm auf dem flachen Talboden entlang des Schotterwegs zur Hintergnadenalm und weiter Richtung Südwesten und nunmehr ansteigend zur Südwiener Hütte (1 802 m, 1 ½ Stunden). In südlicher, später südöstlicher

Richtung geht es auf dem markierten Steig bis kurz vor den Hengst etwas beschaulicher und wird dann zusehends alpiner. Bei der Abzweigung zwischen Kleinem und Großem Pleißlingkeil 170 Höhenmeter als Fleißaufgabe zuerst auf den Kleinen Pleißlingkeil (2 417 m, Achtung: bis in den Juli hinein Schneefelder). Wieder bei der Abzweigung steigt der Weg nach rechts in das Kar und über die geröllbedeckte Nordflanke auf den Großen Pleißlingkeil. Den Hauptgipfel des Großen Pleißlingkeils (2 501 m) erreicht man in stellenweise leichter Kraxlerei über den unmarkierten, aber mit deutlichen Steigspuren gut erkennbaren Nordostgrat. Zurück zum markierten alpinen Steig und weiter nach Westen führt dieser zuerst über Geröll steil hinab und quert in die Scharte unterhalb der Hinteren Großwandspitze (2 437 m). Auch hier ist der Gipfelanstieg nicht markiert, aber gut erkennbar. Zurück auf dem Grat weiter Richtung Osten über ein Geröllband und stellenweise ebenfalls sehr abschüssig in den breiten Wiesensattel vor der Glöcknerin (2 433 m), die man vom Sattel in wenigen Minuten erreicht. Nun retour in den Sattel und nach Norden in Richtung des gut 100 Meter unterhalb des Weges schön gelegenen Wildsees. Ab dem Wildsee auf dem Zentralalpenweg 702, oder eine Etage tiefer über den Hirschwandsteig, in gemütlichem Auf und Ab zurück zur Südwiener Hütte und von dort zurück zur Vordergnadenalm.

Tipp Von der Südwiener Hütte kann in circa 2 Stunden auch die Steinfeldspitze 74, der Summit von Altenmarkt, erreicht werden.

Forstau Rosskogel 2 254 m **76**

Ranking	59 Salzburg (119)	17 Pongau (25)	
Koordinaten	WGS84: 13,584613 W, 47,267271 N,		
	BMN M31: 469070,7; 236511,7		
Karten	BEV: UTM ÖK50 3223 Radstadt;		
	Kompass: 50 Nationalpark Hohe Tauern;		
	Alpenverein: 45/2 Niedere Tauern II		

Summits in der Nähe
- 79 Weißpriach – Blutspitze
- 75 Untertauern – Großer Pleißlingkeil
- 74 Altenmarkt – Steinfeldspitze

T2 • 880 Höhenmeter • 13 km • 5 Stunden

Ausgangspunkt Vom Ortszentrum Forstau auf der mautfreien Straße Richtung Süden durch Forstau-Winkl bis zur Vögeialm (1 383 m)

Von der Vögeialm auf dem Wanderweg 769 Richtung Süden stellenweise etwas steiler durch das Klamml bis zur Seekarscharte (2 010 m), dann flacher werdend und bei der Abzweigung Richtung Osten, Hundskogel und Gamskarlspitze. Im flachen Sattel (2 180 m) zwischen Hundskogel und Rosskogel nach links auf Steigspuren die letzten 70 Höhenmeter auf den Rosskogel, den Summit von Forstau. Dieser ist nicht markiert und befindet sich wenige Meter vor der leicht höheren, markanten Felsnase, die jedoch bereits auf Gemeindegebiet von Weißpriach liegt (GPS mitnehmen).

Der Abstieg führt retour Richtung Seekarscharte, dann aber nicht den direkten Aufstiegsweg hinab, sondern nach Osten auf dem österreichischen Weitwanderweg 02 zum malerisch gelegenen Oberhüttensee und auf dem Wanderweg etwas steiler oder auf dem geschotterten Fahrweg 770 flacher, aber etwas länger, zurück zur Vögeialm.

Variante Für die Anfahrt vom Ortszentrum Forstau bis zur Vögeialm auf dem geschotterten Fahrweg eignet sich auch hervorragend das Rad. Für die kombinierte Bike-and-Hike-Tour kommen mit dem Rad 460 Höhenmeter und 11 Kilometer (in eine Richtung) dazu.

Großer Hafner 3 076 m (Muhr) (91)

Hochgolling 2 862 m (Göriach & Lessach) (81) (82)

Preber 2 740 m (Tamsweg) (84)

Weißeck 2 712 m (Zederhaus) (77)

Hochfeind Ostgipfel 2 690 m (Tweng) (78)

Hocheck 2 638 m (Mariapfarr) (80)

Blutspitze 2 627 m (Weißpriach) (79)

Weisseneck 2 563 m (St. Michael) (90)

Speiereck 2 411 m (Mauterndorf) (89)

Kilnprein 2 408 m (Ramingstein) (85)

Königstuhl 2 335 m (Thomatal) (86)

Aineck 2 210 m (St. Margarethen) (87)

Hochkopf 1 779 m (Unternberg) (88)

nördl. der Schoberhütte 1 458 m (St. Andrä) (83)

77 Zederhaus Weißeck 2 712 m

Ranking	22 Salzburg (119)	5 Lungau (15)

Koordinaten WGS 84: 13,393681 W, 47,162451 N,
BMN M31: 454630,2; 224829,9

Karten BEV: UTM ÖK50 3229 St. Michael im Lungau;
Kompass: 67 Lungau;
Alpenverein: 45/2 Niedere Tauern II

Summits in der Nähe
- 69 Flachau – Mosermandl
- 67 Kleinarl – Faulkogel
- 78 Tweng – Hochfeind Ostgipfel

ZS • 1 370 Höhenmeter • 6 km • 4 Stunden Anstieg
• beste Zeit: Jänner bis April

Ausgangspunkt Parkplatz in Wald, Zederhaus (1 340 m), direkt am Tauerntunnel-Südportal

Vom Parkplatz auf dem leicht fallenden Weg taleinwärts, über die Brücke und dann entweder bereits beim Jagdhaus links – sonst 200 Meter später – durch den Wald auf dem Forstweg zur Gspandlalm. Von dort durch den lichter werdenden Wald ins freie Gelände. Unterhalb der Jagdhütte vorbei geradewegs in „die Hölle", ein mächtiges nordöstlich gerichtetes Kar zwischen Weißeck und Felskarspitze. Zwischen diesen beiden geht es in den Sattel, dabei eher an der Felskarspitze orientiert und auf dem nach Osten (rechts) immer steiler abfallenden Rücken auf die Südflanke des

Weißecks. In dieser – je nach Schneebeschaffenheit und persönlicher Einschätzung – aufkreuzend oder die Ski tragend (ev. mit Steigeisen) auf den Gipfel. Abfahrt entweder wie Anstieg oder den Gipfel nach Norden überschreiten und nach steilen ersten 50 Höhenmetern in das grandiose Ödenkar abfahren. Der untere Teil bis zum Stausee bei der Schliereralm ist mit Stauden bewachsen, aber durchaus fahrbar. Dann auf dem Fahrweg retour zum Ausgangspunkt.
Clemens M. Hutter bezeichnete die Skitour auf das Weißeck als die „schönste Skitour im Bundesland Salzburg".

Tweng Hochfeind Ostgipfel 2 690 m **78**

Ranking	23 Salzburg (119)	6 Lungau (15)
Koordinaten	WGS 84: 13,495788 W, 47,187859 N, BMN M31: 462366,8; 227665,4	
Karten	BEV: UTM ÖK50 3229 St. Michael im Lungau und ev. 3223 Radstadt; Kompass: 67 Lungau; Alpenverein: 45/2 Niedere Tauern II	

Summits in der Nähe

- 75 Untertauern – Großer Pleißlingkeil
- 90 St. Michael – Weisseneck
- 69 Flachau – Mosermandl

T3 • kombinierte Mountainbike- und Bergtour • 600 Höhenmeter und 11 km Wegstrecke mit dem Rad • 850 Höhenmeter und 4,5 km zumeist weglos zu Fuß • einsame Tagestour in faszinierender Landschaft auf einen von dieser Seite sehr selten begangenen Summit Ausgangspunkt nordwestlich von Tweng über die Brücke ins Lantschfeld. Nach etwa 700 Metern Parkmöglichkeit (1 245 m)

Vom Parkplatz mit dem Mountainbike auf der Forststraße fast das gesamte Lantschfeld hinein. Nach der Müllneralm auf der Alm-/Jagdstraße zum Hochstand. Der fahrbare Weg endet hier. Gegebenenfalls saisonale Radfahrverbote beachten. Ab hier auf unmarkierten – zum Teil kaum erkennbaren – Wegen durch eine unheimlich anmutende Bergsturzlandschaft, die zum großen Teil mit Latschen und Kiefern überwachsen ist. Auf dem breiten Almboden der Jokasalm unschwierig, aber weglos in den Ecksattel. Von dort – an einigen Abraumhalden vorbei wieder auf Steigspuren – nach Süden und auf den Verbindungsgrat zwischen Kleiner (2 570 m) und Großer (2 638 m) Guglspitze. Von dieser etwas schwieriger über eine leicht abschüssige Platte an der Ostseite der Guglspitze vorbei in den Sattel, der zum Hochfeind hinaufzieht. Der Westgipfel (Steinpyramide, Holzpflock, Gipfelbuch) ist mit 2 685,50 Meter aber nicht der höchste Punkt von Tweng. Dies ist der Ostgipfel 120 Meter weiter östlich mit 2 690 m. Dieser kann auf dem Grat unschwierig erreicht werden. Abstieg wie Anstieg.

Variante Der weitaus kürzere Anstieg geht nicht von Tweng aus. Die Tour startet in Marislbach auf 1 220 Meter westlich

von Zederhaus (1470 hm, 16 km Gesamtweg, 7 Stunden) und führt über die Schieferalm (1720 m) auf den Südgrat der Kleinen Guglspitze. Zur Rundtour kombiniert ist für erfahrene Bergsteiger der weglose Weitermarsch über den Gödernierkarkopf (2595 m) zum Schwarzeck (2636 m) zu empfehlen. Auf dessen Südgrat in leichter Abkletterei und dann weglos Richtung Hahnschädel (2005 m), östlich davon zur Bartlalm und nach Zederhaus/Dorf.

79 Weißpriach Blutspitze 2 627 m

Ranking	29 Salzburg (119)	8 Lungau (15)
Koordinaten	WGS 84: 13,685367 W, 47,249723 N, BMN M31: 476704,1; 234590,1	
Karten	BEV: UTM ÖK50 3223 Radstadt und 3224 Schladming; Kompass: 67 Lungau und 31 Radstadt – Schladming; Alpenverein: 45/2 Niedere Tauern II	

Summits in der Nähe

- 80 Mariapfarr – Hocheck
- 81 Göriach – Hochgolling
- 82 Lessach – Hochgolling
- 76 Forstau – Rosskogel

T4, I • 1 350 Höhenmeter • 14 km • 7–8 Stunden
Ausgangspunkt von Weißpriach Richtung Norden, ab der Diktlerhütte Maut und auf der guten, aber schmalen Straße bis zum Parkplatz an der Talgabelung von Weißpriach- und Znachtal (1 278 m)

Der Beginn der Wanderung führt vom Parkplatz Richtung Norden ins Znachtal auf dem Almfahrweg 4 Kilometer bis zur Greinmeisterhütte. Entlang des Weges stehen einige Schautafeln zur Bergbaugeschichte in dieser Region. Auf Höhe der Hütte führt ein Wanderweg (Holzschild) nach rechts zur Zinkwand. (Diese wäre mit ihrem Stollen durch den Berg einen extra Besuch wert!) Nach gut 100 Höhenmetern und etwa 500 Metern Wegstrecke passiert man

eine markante Gedenk- und Schautafel sowie Ruinenreste. Nach weiteren rund 300 Metern auf dem Weg zur Zinkwand verlässt man diesen Richtung Süden und überquert den Bach an geeigneter Stelle. Auf zirka 1 780 Meter beginnt der weglose und kaum begangene Anstieg über eine mittelsteile Grasleiten Richtung Südosten zum Wildsee (2 064 m). Um diesen geht es auf der linken Seite herum und vor dem kleinen Gerinne über das Felsband. In der markanten Schuttrinne, die sich nach oben hin verjüngt, geht es nunmehr steil und weglos bergauf. Der Ausstieg ist von unten nicht sichtbar. Achtung Steinschlag! Vom Ausstieg dann über die breite Südwestschulter zuerst auf die Steinkarspitze (2 626 m). Von dieser dann links (westlich) 10 Höhenmeter leicht abklettern (ev. mit Seil) und zu guter Letzt auf die 50 Meter entfernte Blutspitze als höchsten Berggipfel der Gemeinde Weißpriach (2 627 m). Die Blutspitze und Steinkarspitze werden in der OEK 50 mit jeweils 2 626 Metern angegeben. Die 50 Meter weiter nordöstlich gelegene Blutspitze ist auf Basis der Laserscandaten jedoch um gut einen Meter höher als die Steinkarspitze.

Mariapfarr Hocheck   2 638 m   80

Ranking 26 Salzburg (119)   7 Lungau (15)
Koordinaten WGS 84: 13,723576 W, 47,236304 N,
BMN M31: 479603,9; 233111,8
Karten BEV: UTM ÖK50 3224 Schladming;
Kompass: 67 Lungau;
Alpenverein: 45/2 Niedere Tauern II

Summits in der Nähe
- 79 Weißpriach – Blutspitze
- 81 Göriach – Hochgolling
- 82 Lessach – Hochgolling
- 83 St. Andrä – nördl. der Schoberhütte

T4, schwierig, I • 1 240 Höhenmeter • 3,5 km • 220 Höhenmeter mit dem Mountainbike (oder zu Fuß) • ab der Abzweigung 1 020 Höhenmeter • hin und retour etwa 11 km und 6 Stunden
Ausgangspunkt von Mariapfarr nach Norden ins Lignitztal, Parkplatz bei der Vorderen Zehnerhütte (1 401 m)

Von hier 3,5 Kilometer auf der Forststraße taleinwärts bis zur Abzweigung nach rechts auf das Hocheck. Zuerst noch einfach durch den lichten Wald, bei Verlassen des Waldes dann zunehmend steiler auf dem Grashang (Achtung bei Nässe!) bergauf. Dabei auf den schmalen Steigspuren rechts halten bis kurz vor dem Ende der Schneise. Dort nach links queren und in weiterer Folge den etwas flacher werdenden einigermaßen erkennbaren Steigspuren und fallweise aufgestellten Ästen als Markierungshilfe folgen. Der Anstieg führt immer orographisch links des markanten Einschnittes, der in direkter Falllinie Richtung Gipfel zieht. Gegen den Gipfel hin über einige felsige Rippen und in teilweise leichtem Kraxelgelände in eine kleine Scharte. Von dieser in wenigen Schritten auf den aussichtsreichen Gipfel. Vorsicht beim Abstieg auf dem Anstiegsweg.

Göriach **Hochgolling** 2 862 m **81**

Ranking 19 Salzburg (119) 2 Lungau (15)
Koordinaten WGS 84: 13,760639 W, 47,266271 N,
BMN M31: 482392,4; 236457,9
Karten BEV: UTM ÖK50 3224 Schladming;
Kompass: 67 Lungau und 31 Radstadt –
Schladming; Alpenverein: 45/2 Niedere Tauern II

Summits in der Nähe

- **82** Lessach – Hochgolling
- **80** Mariapfarr – Hocheck
- **79** Weißpriach – Blutspitze
- **84** Tamsweg – Preber

Besonderheit Der Hochgolling ist der höchste Gipfel der Niederen Tauern und sowohl für Göriach wie auch für Lessach der Gemeindesummit.

T4, I • 1 450 Höhenmeter • 16 km • 7 Stunden
Ausgangspunkt von Göriach ins Göriachtal bis zum Parkplatz kurz vor dem Göriacher Hüttendorf/Vordere Göriachalmen (1 410 m)

Vom Parkplatz am lieblichen Göriacher Hüttendorf vorbei, das sich nach erfolgreicher Tour als Stützpunkt für die verdiente Stärkung vor der Heimfahrt anbietet. Die ersten gut 4 Kilometer auf breitem Fahrweg – Wegnummer 775 – der zur Landawirseehütte führt, bis in den Göriachwinkel, den massiven Hochgolling immer rechterhand im Blickfeld. Im Göriachwinkel nach gut einer Stunde Gehzeit, bevor der Fahrweg nach links abbiegt, nach rechts auf den Wanderweg Richtung Hochgolling (1 850 m, 3 Stunden). Nun auf gut begehbarem Wanderweg Richtung Osten

500 Höhenmeter in die Gollingscharte und in dieser nach Süden. An der dann folgenden Abzweigung bietet sich die Wahl zwischen dem Nordwestgrat – nur für Geübte, kurze Kletterstellen (II) – oder dem Normalanstieg auf dem historischen Weg. Für geübte Bergsteiger ist die Variante über den Nordwestgrat und der Abstieg über den historischen Weg die interessantere. Auf dem Gipfel bietet sich ein großartiger Rundumblick!

Variante Von der Nordseite aus der Steiermark geht es mit dem Auto ab Schladming ins Untertal bis zum Parkplatz Riesachfälle (1080 m). Von dort wandert man auf dem Weg 778 zur Gollinghütte (1641 m, Nächtigungsmöglichkeit). Nun in den imposanten Gollingwinkel, ständig die 1200 Meter hohe Nordwand des Hochgolling vor Augen. Im Gollingwinkel nach rechts in die Gollingscharte und von dieser weiter wie oben (1800 hm, 17 km, T4, I).

82 Lessach Hochgolling 2 862 m

Ranking	19 Salzburg (119)	2 Lungau (15)

Koordinaten WGS 84: 13,760639 W, 47,266271 N,
BMN M31: 482392,4; 2364579

Karten BEV: UTM ÖK50 3224 Schladming;
Kompass: 67 Lungau und 31 Radstadt –
Schladming; Alpenverein: 45/2 Niedere Tauern II

Summits in der Nähe
- 81 Göriach – Hochgolling
- 80 Mariapfarr – Hocheck
- 79 Weißpriach – Blutspitze
- 84 Tamsweg – Preber

T5 • Ostgrat, stellenweise Kletterei (I), über den direkten Ostgrat ev. II • 1 600 Höhenmeter • 14 km • 8–10 Stunden

Ausgangspunkt von Lessach taleinwärts zur Mautstelle (1 196 m) ins Lessachtal. Von hier entweder mit dem Auto die 5,5 Kilometer bis zur Laßhoferalm (1 270 m) und ab dann zu Fuß weiter oder mit dem Mountainbike ab der Mautstelle an der Laßhoferalm vorbei und noch gut 3 Kilometer bis zu den Hinteralmhütten (1 434 m)

Von den Hinteralmhütten auf gutem Steig einen Kilometer nach Westen bis zur Abzweigung nach links zum Gralatisee. Nach der Karschwelle vor dem Gollinganger rechts halten bis zum Schuttfächer des von rechts vom Rottor

herabkommenden Baches. Auf dem Schuttfächer bergauf und an dessen oberem Ende auf dem dann wieder gut erkennbaren Steig auf die Terrasse zu den Pölleralmen. Über die Steilstufe und danach links weglos, teilweise Steigspuren erkennend über süd- und südostorientierte Grashänge und Schotterfelder Richtung Rottor. Am oberen Ende des Baches diesen je nach Belieben und Möglichkeit überqueren und am unteren Ende des markanten Felsriegels nach Süden und parallel zu den Höhenlinien bis zum Beginn des Ostgrates nach dem markanten Bachverlauf. Nun entweder auf diesem, oder der gut erkennbaren Verschneidung auf den Südostgrat folgend, und dann auf diesem ohne Markierungen, außer einem Steinmann auf 2 400 Meter, immer auf dem Grat zum Gipfel. Gute Orientierung in weglosem Gelände, Trittsicherheit und alpine Erfahrung unabdingbar! Abstieg entweder auf dem Normalweg nach Göriach oder auf dem Anstiegsweg.

St. Andrä **nördlich der Schoberhütte** 1 458 m — 83

Ranking 83 Salzburg (119)   15 Lungau (15)
Koordinaten WGS 84: 13,788976 W, 47,168875 N,
BMN M31: 484599,7; 225642,0
Karten BEV: UTM ÖK50 3224 Schladming und 3230 Tamsweg; Kompass: 67 Lungau; Alpenverein: 45/2 Niedere Tauern II

Summits in der Nähe
- 81 Göriach – Hochgolling
- 80 Mariapfarr – Hocheck
- 79 Weißpriach – Blutspitze
- 84 Tamsweg – Preber

Besonderheit Der Gemeindesummit von St. Andrä ist der niedrigste im Lungau. Das Delta zwischen dem höchsten (Großer Hafner, Muhr, 3 076 m, 91) und dem niedrigsten beträgt damit 1 618 Meter.

T1 • 400 Höhenmeter • 7,5 km • 3 Stunden
Ausgangspunkt St. Andrä Ort (1055 m)

Am Nordende des Ortes nach rechts über die Brücke der Taurach und dem Wanderweg nach Nordwesten nach Vorderlasa folgen. Durch den Weiler hindurch, nach rechts und in den Wald (bis hierher auch mit dem Auto möglich). Durch den Wald auf dem markierten Wanderweg Richtung Wildbachhütte. Östlich der Lichtung, auf der die Schoberhütte steht (ca. 1330 m), biegt eine Forststraße im rechten Winkel von der Lichtung nach Norden ab, hier noch rund 250 Meter weiter und dann links auf den Waldweg. Auf diesem etwa 400 Meter nach Westen – kurz

Lessacher Gemeindegebiet querend – bis zu einem Holzzaun. Über diesen und mit den GPS-Koordinaten – nun durch Göriacher Gemeindegebiet – noch 60 Meter bis auf den höchsten Punkt von St. Andrä. Dieser ist eine unscheinbare, unmarkierte, kaum erkennbare Kuppe auf dem südlichen Rücken des Vorderecks und des Gumma, direkt an der Gemeindegrenze zu Göriach.
Der Abstieg führt an der Ruine Thurnschall vorbei und über Haslach zurück zum Ausgangspunkt in St. Andrä.

84 Tamsweg Preber 2 740 m

Ranking	21 Salzburg (119)	4 Lungau (15)
Koordinaten	WGS 8413,864718 W, 47,219869 N, BMN M31: 490303,7; 231347,3	
Karten	BEV: UTM ÖK50 3230 Tamsweg; Kompass: 67 Lungau; Alpenverein: 45/3 Niedere Tauern III	

Summits in der Nähe

- 83 St. Andrä – nördl. der Schoberhütte
- 82 Lessach – Hochgolling
- 81 Göriach – Hochgolling
- 80 Mariapfarr – Hocheck

Besonderheit Mit einer Höhe von 2 740 Metern zählt der Preber zu den höchsten Gipfeln in den Niederen Tauern und ist im Lungau der dritthöchste Gemeindesummit. Außerdem ist er der östlichste Gemeindesummit in Salzburg und auch derjenige, der dem östlichsten Punkt im Bundesland Salzburg am nächsten ist. Dieser liegt südlich des Gstoder im Bereich der Dörfler Alm auf 13,996123 W und 47,132813 N.

L, T2 • 1 220 Höhenmeter • 5 km • 3 ½ Stunden Anstieg • beste Zeit: ganzer Winter

Ausgangspunkt von Tamsweg Richtung Osten bergauf zum Prebersee, Parkplatz Gasthaus Ludlalm (1 522 m)

Der Preber ist ein Klassiker unter den Skitourenbergen, und ist nicht nur für Salzburg, sondern weit über die Landesgrenzen hinaus und den ganzen Winter über ein lohnendes Ziel. Ausgangspunkt ist der Parkplatz, entweder 100 Meter vor oder direkt bei der Ludlalm am Prebersee. Von dort nach Norden entlang der Forststraße, allfällige

Abkürzungen durch den allmählich lichter werdenden Wald nutzend zur Preberhalterhütte. Ab hier über freies Gelände den schier endlosen Rücken tendenziell links des Gerinnes bleibend in die Rossscharte und von dort unschwierig auf den Gipfel. Abfahrt bis zur Preberhalterhütte entlang des Anstiegsweges. Von dort auf dem Forstweg zur Eberlalm und zurück zum verdienten Bier auf der Ludlalm.

Variante Der Sommeranstieg (T2) verläuft ab der Ludlalm auf dem markierten Wanderweg bis zum Gipfel (1 220 Höhenmeter, 10 km Wegstrecke, 5–6 Stunden).

Ramingstein **Kilnprein** 2 408 m **85**

Ranking 45 Salzburg (119)   11 Lungau (15)
Koordinaten WGS 84: 13,842642 W, 46,985847 N,
BMN M31: 488800,1; 205319,2
Karten BEV: UTM ÖK50 3230 Tamsweg und
3106 Radenthein; Kompass: 67 Lungau

Summits in der Nähe
- 86 Thomatal – Königstuhl
- 88 Unternberg – Hochkopf
- 87 St. Margarethen – Aineck

T2 • 1 190 Höhenmeter • 25 km • 7–8 Stunden Rundtour
Ausgangspunkt von Ramingstein nach Kendlbruck und am ehemaligen Hochofen und Maria Hollenstein vorbei bis ans Ende der asphaltierten Straße. Links vor dem Schranken in den Kendlbrucker Mühlbachgraben Parkmöglichkeit (1 218 m)

Eine wunderschöne, einsame, allerdings lange Wanderung im äußersten Südosten des Bundeslandes: Von der Parkmöglichkeit eine gute Stunde auf der gemächlich ansteigenden Forststraße bis zur Weggabelung bei der Kote 1 455. Dort links und nach einem weiteren Kilometer wieder nach links auf dem Karrenweg in den Wald bis zur idyllisch gelegenen Scheureralm. Ab hier ist die AV-App mit lokal gespeicherten Kartengrundlagen für die weitere Wegfindung hilfreich. Die Wanderung lässt sich jedoch bei guter Orientierung auch ohne bewerkstelligen. In den Wald etwa 100 Höhenmeter und 400 Meter nach Süden, vor dem kleinen Gerinne den spärlich vorhandenen Steigspuren nach Osten bis zu einer Quelle und einem verfallenen Almgebäude auf einer kleinen Lichtung folgen. Ab hier ist der Steig wieder besser zu erkennen. Auf dem Rücken zwischen Rotofen und Vorderhütteneck führt der markierte Steig nach Süden leicht unterhalb des Vorderhüttenecks vorbei auf einen breiten Sattel und schlussendlich über die ebenso breite Nordflanke auf den Kilnprein. Achtung: Das Gipfelkreuz steht – unschwer erkennbar – nicht auf dem höchsten Punkt von Ramingstein. Dieser ist von einer Steinpyramide zirka 60 Meter weiter nördlich und 3,5 Meter höher gekennzeichnet (das Vermessungszeichen (Festpunkt) liegt etwa 5,5 Meter südöstlich von dieser). Um die Rundtour zu vollenden, erfolgt der

Abstieg Richtung Süden über den breiten Südhang in den Steinbachsattel und von diesem auf gut erkennbarem Weg zur Trattneralm. Nach der Querung des Mühlbaches die Forststraße 10 Kilometer zurück zum Ausgangspunkt.

86 Thomatal Königstuhl 2 335 m

Ranking 51 Salzburg (119) 12 Lungau (15)
Koordinaten WGS 84: 13,784579 W, 46,943916 N,
 BMN M31: 484409,5; 200630,9
Karten BEV: UTM ÖK50 3230 Tamsweg und
 3106 Radenthein; Kompass: 67 Lungau

Summits in der Nähe

85 Ramingstein – Kilnprein
88 Unternberg – Hochkopf
87 St. Margarethen – Aineck

Besonderheit Der Königstuhl ist ein dreifach bemerkenswerter Gipfel, ist er nicht nur der höchste Punkt der Gemeinde Thomatal und der südlichste Punkt des Bundeslandes Salzburg, sondern auch ein Drei-Länder-Berg, den sich Salzburg, Steiermark und Kärnten teilen.

L, T2 • 610 Höhenmeter • 5,5 km Anstieg • 3 Stunden hin und retour • beste Zeit: ganzer Winter
Ausgangspunkt von St. Margarethen über Pichlern ins Schönfeld zur Dr.-Josef-Mehrl-Hütte kurz vor der Landesgrenze zu Kärnten (1 725 m)

Skitour Von der Mehrl-Hütte zuerst 2,5 Kilometer flach durch das breite Hochtal der Rosaninalm. Der erste Aufschwung führt auf die Ebene des Rosaninsees, von hier eine weitere steilere Stufe in die Königstuhlscharte (2 180 m). Nun Richtung Südosten die letzten 150 Höhenmeter über den mittelsteilen Gipfelhang auf den Königstuhl. Abfahrt wie Anstieg.

Variante (T2, 11 km, 4–5 Stunden)
Die Sommerwanderung ist nicht minder schön als die Skitour und kann als Rundtour absolviert werden. Von der Mehrl-Hütte geht es über die Rosaninalm zum Rosaninsee und die Königstuhlscharte auf den Königstuhl (2,5 Stunden). Dann zurück in die Königstuhlscharte und auf den Rücken über den Seenock (2 260 m), den Sauereggnock (2 240 m) und den Stubennock (2 092 m) nach Norden zurück zum Parkplatz (4½ Stunden, 11 km, T2).

87 St. Margarethen Aineck 2 210 m

Ranking	60 Salzburg (119)	13 Lungau (15)
Koordinaten	WGS 84: 13,639665 W, 47,056156 N, BMN M31: 473327,9; 213055,8	
Karten	BEV: UTM ÖK50 3229 St. Michael im Lungau und 3230 Tamsweg; Kompass: 67 Lungau,	

Summits in der Nähe

- 89 Mauterndorf – Speiereck
- 88 Unternberg – Hochkopf
- 90 St. Michael im Lungau – Weisseneck

L • 1130 Höhenmeter • 10 km • 3 ½ Stunden für den Aufstieg, beste Zeit: ganzer Winter

Ausgangspunkt vom Ortszentrum von St. Margarethen Richtung Südwesten zum Beginn des Leißnitzgrabens. Dort nach den letzten Häusern auf der linken Seite parken (1 080 m).

Am Anfang der technisch einfachen Skitour geht es vom Parkplatz Richtung Südwesten in den Leißnitzgraben. Auf der Forststraße der Beschilderung Richtung Bonner Hütte folgen. Am Ende des Grabens links halten Richtung Esseralm, die nach zwei Serpentinen erreicht wird (1 593 m). Weiter nun direkt Richtung Süden, und kurz vor dem Sattel zwischen Schöngelitzhöhe im Osten und dem Teuerlnock im Westen durch den Wald Richtung Südwesten auf die

östliche Schulter des Teuerlnock. Aus dem Wald heraus etwas steiler bis zum Gipfel. Dann je nach Schneeverhältnissen am Grat entlang nach Westen zum Aineck. Das letzte Stück bis zum Skigebiet Katschberg-Aineck führt flacher direkt zur Bergstation der Aineck Gipfelbahn. Der höchste Punkt von St. Margarethen liegt am südwestlichen Hauseck der Gipfelstation. Abfahrt am besten über die Skipiste.

Variante Bike-and-Hike-Tour Auf der Leißnitz Route der Ferienregion Lungau vom Startort St. Margarethen ebenfalls in den Leißnitzgraben bis entweder in den oben beschriebenen Sattel oder gleich weiter bis zur Bonner Hütte. Von dort zu Fuß auf den Gipfel (13 km und 620 hm mit dem Rad, plus 9 km und 510 hm zu Fuß).

Unternberg **Hochkopf** 1 779 m **88**

Ranking 75 Salzburg (119) 14 Lungau (15)
Koordinaten WGS 84: 13,784789 W, 47,088056 N,
BMN M31: 484333,6; 216655,3
Karten BEV: UTM ÖK50 3230 Tamsweg;
Kompass: 67 Lungau

Summits in der Nähe
- 83 St. Andrä – nördlich der Schoberhütte
- 87 St. Margarethen – Aineck
- 85 Ramingstein – Kilnprein

T1 • bei der Orientierung in dem Gewirr an Forststraßen aufpassen • 740 Höhenmeter • 16 km • 5 Stunden
Ausgangspunkt Spitzing, südwestlich von Unternberg, der Straße Richtung Süden zur Hubertuskapelle noch knapp 200 Meter folgen. Parken nach dem letzten Haus rechts oder direkt an der Abzweigung (1 041 m).

Einsame Bergwanderung fast ausschließlich auf Forststraßen zum höchsten Punkt des Schwarzenbergs. Für den Tourismus kaum erschlossen, ist diese Route wegen der Hochmoorlandschaft einzigartig und interessant.
Vom Startpunkt wandert man kurz nach Süden Richtung Hubertuskapelle und an dieser vorbei auf der Forststraße bis zur Kote 1 271 (zweite Abzweigung, ca. 1,5 km ab der Kapelle). Hier nach rechts und weitere 1,3 Kilometer bis auf 1 400 Meter. An der Spitzkehre nach links

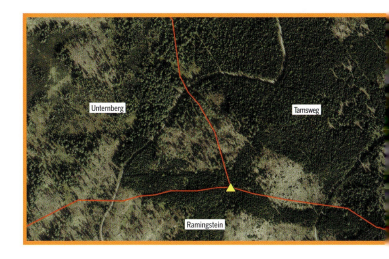

(Osten), an der Kote 1571 vorbei bis zur Weggabelung auf 1633 Metern – 2,3 Kilometer ab der letzten Kehre. Nun den Goldbrunnnock in einer großen nordöstlichen Schleife umrunden. Auf der Forststraße an der Bayerhütte direkt östlich des Goldbrunnnocks vorbei und rund 350 Meter nach der markanten Rechtskurve nach Westen in den unscheinbaren Sattel zwischen Goldbrunnnock und Hochkopf. Von dort die letzten 50 Höhenmeter Richtung Süden durch lichten Baumbestand auf den Gipfel. Dieser ist mit einer kleinen dreiseitigen Pyramide, die das Drei-Gemeinde-Eck von Unternberg, Tamsweg und Ramingstein markiert, gekennzeichnet. Zurück auf dem gleichen Weg.

89 Mauterndorf Speiereck 2 411 m

Ranking	42 Salzburg (119)	10 Lungau (15)
Koordinaten	WGS 84:13,624680 W, 47,127570 N, BMN M31: 472160,3; 220991,1	
Karten	BEV: UTM ÖK50 3229 St. Michael im Lungau und 3230 Tamsweg; Kompass: 67 Lungau	

Summits in der Nähe

- **90** St. Michael im Lungau – Weisseneck
- **87** St. Margarethen – Aineck
- **78** Tweng – Hochfeind Ostgipfel

T2 • 460 Höhenmeter • 6,5 km • 3 Stunden
Ausgangspunkt Talstation der Großeckbahn in Hammer, Mauterndorf

Mit der Großeckbahn zur Bergstation bei der Panoramaalm auf 1953 Meter. Von dieser zuerst auf einem geschotterten Fahrweg fast bis zum markanten Sender auf dem Großeck. Nun auf schönem Wanderweg auf dem zum Teil steinigen Rücken in den Sattel zwischen Kleinem Lanschütz und Speiereck. Vom Sattel dann in wenigen Minuten auf den höchsten Gipfel von Mauterndorf. Der Abstieg führt zur Bergstation der Speiereck-Gipfelbahn und auf der Skipiste entlang des markanten Windzauns bis zur Abzweigung zu den beiden Speicherteichen im Kar zwischen Speiereck und Großeck. Diese laden zum Verweilen und zu einer kurzen Erfrischung ein. Von hier sind es nur

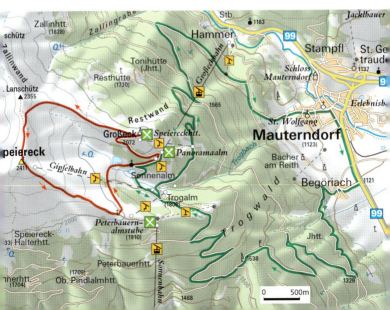

mehr wenige Minuten und ein paar Höhenmeter zurück zum Ausgangspunkt bei der Panoramaalm.

Variante Mountainbike-Tour Auf der Trogalmrunde (Weg 05) der Ferienregion Lungau (22 km und 980 hm mit dem Rad, plus 5 km und 340 hm zu Fuß): Von Begöriach südlich von Mauterndorf der Beschilderung 05 – Trogalm (1 808 m) folgen. Bei der Trogalm links zur Bergstation der Speiereckbahn. Von dort geht es zu Fuß das letzte Stück Richtung Großeckgipfel (2 070 m) und weiter auf das Speiereck. Ab der Trogalm wieder der Beschilderung nach Mauterndorf folgen.

St Michael im Lungau **Weisseneck** 2 563 m **90**

Ranking	32 Salzburg (119)	9 Lungau (15)	
Koordinaten	WGS 84: 13,564250 W, 47,176453 N,		
	BMN M31: 467559,1; 226410,3		
Karten	BEV: UTM ÖK50 3229 St. Michael im Lungau;		
	Kompass: 67 Lungau;		
	Alpenverein: 45/2 Niedere Tauern II		

Summits in der Nähe

- 78 Tweng – Hochfeind Ostgipfel
- 89 Mauterndorf – Speiereck
- 75 Untertauern – Großer Pleißlingkeil

T3 • 1 450 Höhenmeter • 19 km • 7–8 Stunden
Ausgangspunkt Fell im Nordwesten des Gemeindegebietes von St. Michael (1 107 m)

Auf dem Wiesen-, später Waldweg auf dem südwestorientierten Rücken an den Feller Bach (der Bach bildet in diesem Bereich die Gemeindegrenze zwischen St. Michael und Zederhaus). An diesem – den ganzen Streckenverlauf – äußerst einsam, aber landschaftlich außerordentlich schön, bergan bis zur Kote 1 550 und am Zusammenfluss zweier Bäche links Richtung Steinsee und Steinbaueralm halten. Der Weg wird breiter und zum landwirtschaftlichen Fahrweg. Diesem bis zur Steinbaueralm auf 2 055 Meter folgen. An der Alm vorbei und 50 Meter höher zum Steinsee in das breite Kar zwischen Viertleck und Weisseneck.
Am Ostufer des Sees entlang und auf Viehgangln und später Steigspuren Richtung Südost auf den südlichen Rücken des Viertleck (2 340 m). Nun in den flachen Sattel und später steiler und felsig durch eine schrofige Rinne in die Einsattelung zwischen Vorderem Weisseneck (2 550 m) und Weisseneck. An deren Ende nach rechts auf den Summit.

Je nach persönlicher Einschätzung kann vom Steinsee auch direkt in den Sattel zwischen Viertleck und Weisseneck über steilere Grashänge und – je nach Routenwahl – schrofiges Gelände aufgestiegen werden. Abstieg wie Anstieg.

Variante

T4 • von der Bergstation der Speiereck-Kabinenbahn bis zum Weisseneck ca. 1 400 hm bergauf, 750 hm bergab • 12 km • weitere 1 330 hm hinab nach Tweng • 8–9 Stunden

Als eine lange, aber landschaftlich ebenfalls traumhafte Variante (allerdings nur mit zweitem Pkw) kann die Auffahrt mit der Speiereck Kabinenbahn ab St. Martin/St. Michael zur Peterbauernalmstube in Erwägung gezogen werden. Von dort zuerst 500 Höhenmeter auf dem Weg 94 auf das Speiereck (Summit von Mauterndorf, 89) und dann über Kleinen (2 355 m) und Großen (2 347 m) Lanschütz (der Kleine Lanschütz ist höher ist als der Große!) sowie Schareck (2 466 m) und Viertleck auf das Weisseneck. Zum Teil auf dem Grat, speziell zwischen Schareck und Lapernigspitze, etwas luftiger. Abstieg entweder wie oben nach Fell oder (kürzer) weglos über die Scharalm zur Oberen Scharhütte und von dort auf dem Weg über die Wieseneggeralm und die Untere Ernsthütte direkt nach Tweng. Von dort im Idealfall mit dem vorher abgestellten zweiten Auto zurück zum Ausgangsort.

Muhr Großer Hafner 3 076 m 91

Ranking	9 Salzburg (119)	1 Lungau (15)
Koordinaten	WGS 84: 13,400660 W, 47,070089 N,	
	BMN M31: 455168,1; 214562,2	
Karten	BEV: UTM ÖK50 3229 St. Michael im Lungau;	
	Kompass: 67 Lungau;	
	Alpenverein: ev. 44 Hochalmspitze – Ankogel	

Summits in der Nähe

66 Hüttschlag – Keeskogel
77 Zederhaus – Weißeck
64 Bad Gastein – Ankogel, Nordwest-Wand

T4, I • 1 750 Höhenmeter • 19 km • 9–11 Stunden
Ausgangspunkt Parkplatz vor der Arsenhütte westlich von Rotgülden in Hintermuhr (1 327 m)

Vom Parkplatz in einer knappen Stunde auf dem Wander(lehr)weg bis zur Rotgüldenseehütte (Übernachtungsmöglichkeit). Unschwierig am Unteren Rotgüldensee entlang, mit einer kurzen stahlseilversicherten Passage hinauf zum Oberen Rotgüldensee, der gemeinsam mit dem Großen Hafner seit 1991 den Nationalpark Hohe Tauern im Osten begrenzt. Auf dem markierten Weg 541 in das breite Schuttkar unterhalb der Wastlkarscharte, das zunehmend aufsteilt und in einen stahlseilgesicherten Kamin mündet (kurze Kletterstellen, 2 721 m). Weiter direkt nach Süden unterhalb der kärglichen Gletscherreste des

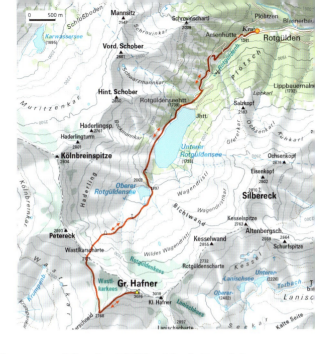

Wastlkarkeeses zur Marschneid (Vorsicht bei unsicheren Wetterverhältnissen). Auf der Marschneid vereint sich der Anstieg vom Lungau mit jenem von der Kattowitzer Hütte und führt teilweise versichert, durch einen Steingarten aus aufgestellten Schieferplatten auf dem Südwestgrat zum höchsten Punkt der Gemeinde Muhr und des Lungaus. Herrliche Ausblicke zur Hochalmspitze und zum Hochalmkees. Dem Großen Hafner wird oft nachgesagt, dass er der östlichste Dreitausender der Alpen wäre, was aber nicht stimmt, sondern es sind derer mindestens drei (Kleiner Hafner, Lanischeck und Malteiner Sonnblick), die weiter östlich liegen. Abstieg wie Anstieg. Einkehr auf der Rotgüldenseehütte auf einen Bauernkrapfen und eine Buttermilch dringend empfohlen!

Großvenediger 3 657 m (Neukirchen am Großvenediger) (117)
Großes Wiesbachhorn 3 564 m (Fusch) (108)
Großes Wiesbachhorn 3 560 m (Kaprun) (109)
Dreiherrnspitze 3 499 m (Krimml) (119)
Johannisberg 3 452 m (Uttendorf) (112)
Hohe Fürleg 3 240 m (Bramberg am Wildkogel) (116)
Hocharn 3 254 m (Rauris) (107)
Blessachkopf 3 051 m (Hollersbach) (115)

Tauernkogel 2 989 m (Mittersill) (114)
Großer Schmiedinger, westl. Schulter 2 944 m (Niedernsill) (111)
westl. des Hohen Kopfes 2 868 m (Maria Alm & Dienten) (98) (99)
Birnhorn 2 634 m (Weißbach bei Lofer) (95)
Birnhorn, südwestlich des Gipfels 2 633 m (Leogang) (96)
Großer Hundstod 2 594 m (Saalfelden) (97)
Bambachkopf 2 517m (Piesendorf) (110)
Großes Ochsenhorn 2 511 m (St. Martin bei Lofer) (94)
Mitterhorn 2 506 m (Lofer) (93)
Ochsenkopf 2 471 m (Wald im Pinzgau) (118)
Geißstein 2 363 m (Saalbach-Hinterglemm & Stuhlfelden) (100) (113)
Bernkogel 2 325 m (Lend) (106)
Großes Häuselhorn 2 284 m (Unken) (92)
Schafelkopf 2 266 m (Bruck an der Großglocknerstraße) (104)
Achenkopf 2 260 m (Taxenbach) (105)
Oberer Gernkogel 2 175 m (Viehhofen) (101)
Schwalbenwand 2 012 m (Zell am See) (103)

Sausteigen, nördlich des Gipfels 1 913 m (Maishofen) (102)

92 Unken Großes Häuselhorn 2 284 m

Ranking 55 Salzburg (119)   23 Pinzgau (28)
Koordinaten WGS 84: 12,783851 W, 47,601805 N;
BMN M31: 408736,1; 273823,1
Karten   BEV: UTM ÖK50 3209 Bad Reichenhall, ev. 3215
Saalfelden am Steinernen Meer;
Kompass: 291 Rund um Salzburg;
Alpenverein: BY 20 Lattengebirge, Reiteralm

Summits in der Nähe
- 94 St. Martin bei Lofer – Großes Ochsenhorn
- 93 Lofer – Mitterhorn
- 97 Saalfelden – Großer Hundstod

T3 • 1 670 Höhenmeter • 20 km • 10–11 Stunden •
ev. Nächtigung auf der Neuen Traunsteiner Hütte
Ausgangspunkt Parkplatz am östlichen Ende von Reith/Unken
(620 m)

Vom Parkplatz in Reith zuerst südöstlich gemütlich entlang des Donnersbaches bis zur Abzweigung auf den Alpasteig und von hier über den Wanderweg Richtung Traunsteiner Hütte. An den Alpaalmen vorbei und in 3–3 ½ Stunden zuerst an der Alten Traunsteiner Hütte vorüber und falls hier übernachtet wird, einen guten halben Kilometer – zur neuen Traunsteiner Hütte (1 560 m). Von der Wegkreuzung bei der Alten Traunsteiner Hütte direkt nach Süden auf dem Weg 473 durch die Latschen

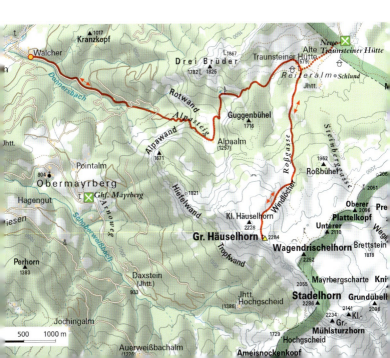

und das Geröll der Rossgasse in Richtung der Häuselhörner. Nach rund 1½ Stunden an der Weggabelung rechts halten und am Ende des steiler werdenden, zum Teil schrofigen Felskares (stellenweise I) nach links auf das Große Häuselhorn (weitere 2½–3 Stunden). Retour auf gleichem Weg.

An der Neuen Traunsteiner Hütte kommt man sowohl beim Auf- als auch beim Abstieg vorbei. Diese bietet sich für eine Einkehr an.

Lofer Mitterhorn 2 506 m 93

| | 36 Salzburg (119) | 18 Pinzgau (28) |

Ranking
Koordinaten WGS 84: 12,628168 W, 47,549547 N;
BMN M31: 396976,1; 268108,0
Karten BEV: UTM ÖK50 3214 Kitzbühel und 3215 Saalfelden am Steinernen Meer;
Kompass: 291 Rund um Salzburg;
Alpenverein: 9 Loferer und Leoganger Steinberge

Summits in der Nähe
- 94 St. Martin bei Lofer – Großes Ochsenhorn
- 95 Weißbach bei Lofer – Birnhorn
- 96 Leogang – Birnhorn
- 92 Unken – Großes Häuselhorn

T4 • Klettersteige D und C; Klettersteigausrüstung • 1710 Höhenmeter • 12 km • 10–12 Stunden • ev. Nächtigung auf der Schmidt-Zabierow-Hütte
Ausgangspunkt Parkplatz am Ende des Loferer Hochtals (800 m)
Besonderheit Die Gemeindegrenze zwischen St. Martin und Lofer verläuft derart, dass der höchste Punkt von Lofer im Bereich des Ochsenhorns nur auf 2 499 Meter liegt.

Vom Parkplatz zu Beginn nur leicht ansteigend auf dem markierten Weg 601 durch den Buchenwald. In weiterer Folge steiler werdend und in zahlreichen Serpentinen über das Untere, das Mittlere und das Obere Tret in gut 2½ Stunden zur Schmidt-Zabierow-Hütte. Der Anstieg vom Loferer Hochtal ist der kürzeste und zwischen Mitte Juni und Mitte Juli wegen der blühenden Almrauschfelder eine Augenweide. Der weitere Anstieg über die beiden Klettersteige des Wilden und Nackten Hundes auf das Mitterhorn sollte jedoch nicht unterschätzt und eine Nächtigung auf der Hütte in Erwägung gezogen werden. Von der Schmidt-Zabierow-Hütte geht es Richtung Südwesten über eindrucksvolle Karstformationen in die Große Wehrgrube und, kurz bevor der Weg steiler in die Wehrgrubenscharte ansteigt, an der nicht übersehbaren Markierung „Wilder Hund" nach rechts auf Steigspuren zum Einstieg des Klettersteiges (300 Meter, C und D, ca. 1½ Stunden). Der schwierigste Teil D kommt erst gegen Ende des Steiges. Nach dem Durchstieg des Wilden Hundes kann am Grat noch abgebrochen und nach links über die Wehrgrubenscharte – teilweise stahlseilversichert – abgestiegen werden. Ansonsten geht es auf dem

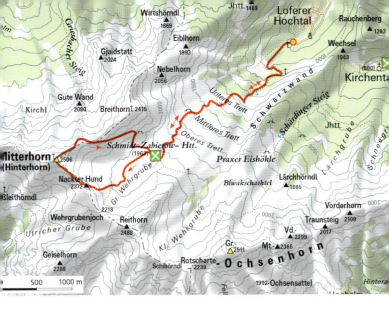

Klettersteig Nackter Hund (150 Meter, C, 1 Stunde vom Wilden Hund auf den Gipfel) zuerst in der Nordostwand des Nackten Hundes über Bänder, später meist über den Grat, unterbrochen von drei markanten nahezu senkrechten Aufschwüngen, jedoch insgesamt merklich leichter als beim Wilden Hund, auf den Gipfel des Mitterhorns. Dieses ist der zweithöchste Gipfel in den Loferer Steinbergen und damit nicht nur der Loferer Gemeindesummit, sondern auch der Bezirkesummit von Kitzbühel. Der Abstieg erfolgt auf dem markierten Normalweg 601 Richtung Nordosten in die Waidringer Nieder, die Scharte zum Breithorn. In dieser rechts ab, teilweise über loses Geröll und schmale Grasbänder unterhalb der Südwand des Breithorns zur schon von Weitem sichtbaren Hütte. Abstieg ins Loferer Hochtal wie Anstieg.

94 St. Martin bei Lofer Großes Ochsenhorn 2 511 m

Ranking	35 Salzburg (119)	17 Pinzgau (28)	
Koordinaten	WGS 84: 12,660336 W, 47,538093 N; BMN M31: 399386,4; 266812,9		
Karten	BEV: UTM ÖK50 3214 Kitzbühel und 3215 Saalfelden am Steinernen Meer; Kompass: 291 Rund um Salzburg; Alpenverein: 9 Loferer und Leoganger Steinberge		

Summits in der Nähe

93 Lofer – Mitterhorn
95 Weißbach bei Lofer – Birnhorn
96 Leogang – Birnhorn
92 Unken – Großes Häuselhorn

T4 • Gipfelaufbau stellenweise I • 1 650 Höhenmeter • 10 km • 8 Stunden

Ausgangspunkt Parkplatz Maria Kirchenthal (860 m); vom Westende von St. Martin entweder über die kurze Mautstraße zum Parkplatz vor der Wallfahrtskirche oder vom Parkplatz im Tal (geringe Gebühr) auf dem Pilgerweg 250 Höhenmeter und ½ Stunde zum oben erwähnten Parkplatz

Vom Startpunkt zuerst durch Wald, später durch Latschen, in dem nordostorientierten Gelände auf dem Weg 613 (Schärdinger Steig) durch die „Lahnfahrt" zum unteren Ende der Großen Schneegrube. Bis zum Standort des Prax-Biwaks (1 775 m), das sich lawinengeschützt hinter

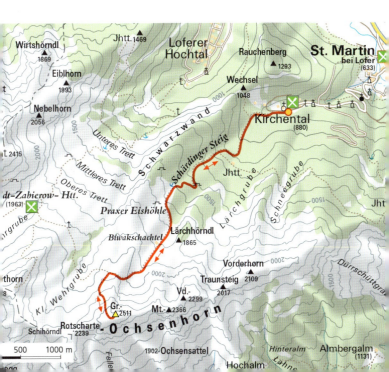

beziehungsweise unter einen großen Felsen duckt, knapp 2½ Stunden. Weiter in gleicher Richtung zum Übergang nördlich des Sattelhorns (2074 m) und kurz bergab zur Abzweigung (2030 m) nach links auf das Große Ochsenhorn. Ab hier sind Trittsicherheit und Schwindelfreiheit für die leichte Kraxlerei (stellenweise I) erforderlich. Durch die nord- und nordwestseitige Lage muss bis spät in den Sommer stellenweise mit Schnee gerechnet werden. Das Gipfelkreuz des Großen Ochsenhorns markiert den höchsten Punkt im Gemeindegebiet von St. Martin bei Lofer. Der Abstieg erfolgt vorzugsweise auf dem gleichen Weg.

Weißbach bei Lofer Birnhorn 2 634 m 95

Ranking	27 Salzburg (119)	13 Pinzgau (28)
Koordinaten	WGS 84: 12,733840 W, 47,475049 N; BMN M31: 404866,0; 259758,2	
Karten	BEV: UTM ÖK50 3215 Saalfelden am Steinernen Meer; Kompass: 291 Rund um Salzburg; Alpenverein: 9 Loferer und Leoganger Steinberge	

Summits in der Nähe

- 96 Leogang – Birnhorn
- 94 St. Martin bei Lofer – Großes Ochsenhorn
- 102 Maishofen – Sausteigen

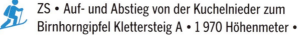

ZS • Auf- und Abstieg von der Kuchelnieder zum Birnhorngipfel Klettersteig A • 1 970 Höhenmeter • 7 km • 4–5 Stunden Anstieg • beste Zeit: Jänner bis März • zusätzlich zur Skitourenausrüstung ev. Steigeisen
Ausgangspunkt Hackerbauer südlich von Weißbach bei Lofer gegenüber des Weilers Frohnwies (668 m)

Gleich nach der ersten Kehre nach rechts in den Wald auf den Sommerweg 34 und den Markierungen und Beschilderungen Richtung Ebersberg folgen. Der Sommerweg bietet die beste Möglichkeit, den dichten Waldgürtel einigermaßen kraftsparend zu durchqueren. Ab der Jagdhütte Ebersberg (1 424 m) wird der Wald lichter und das Gelände weitet sich nach weiteren rund 400 Höhenmetern in den breiten Kessel des Ebersbergkars. In diesem hält man sich südwestwärts immer auf der linken Seite bis in die Kuchelnieder (2 437 m). Hier Skidepot einrichten. Für den weiteren Anstieg von knapp 200 Höhenmetern sind Trittsicherheit und Schwindelfreiheit und – bei eisigen Verhältnissen – auch Steigeisen erforderlich.

Der Anstieg folgt den Felsbändern in der Westflanke des Birnhorns, zwischen denen leichte Kletterpassagen zu bewältigen sind und der zum Großteil mit Stahlseilen gesichert ist (Klettersteig A). Das Gipfelkreuz (und der höchste Punkt des Birnhorns sowie der Leoganger Steinberge) steht auf dem Gemeindegebiet von Weißbach bei Lofer. Der höchste Punkt von Leogang liegt 17 Streckenmeter und 1,5 Höhenmeter südwestlich und der Normalanstieg führt über diesen. Zum exakten Auffinden des Leoganger Summits sind die GPS-Koordinaten erforderlich. Zurück zum Skidepot geht es auf dem gleichen Weg. Die Abfahrt erfolgt im Bereich des Anstiegs.

96 Leogang Birnhorn, südwestl. des Gipfels 2 633 m

Ranking	28 Salzburg (119)	14 Pinzgau (28)
Koordinaten	WGS 84: 12,733738 W, 47,474919 N; BMN M31: 404858,5; 259743,7	
Karten	BEV: UTM ÖK50 3215 Saalfelden am Steinernen Meer; Kompass: 291 Rund um Salzburg; Alpenverein: 9 Loferer und Leoganger Steinberge	

Summits in der Nähe
- 95 Weißbach bei Lofer – Birnhorn
- 94 St. Martin bei Lofer – Großes Ochsenhorn
- 102 Maishofen – Sausteigen

T3 • von der Kuchelnieder zum Gipfel Klettersteig A •
1 900 Höhenmeter • 15 km • tagesfüllende Tour •
eventuell Nächtigung auf der Passauer Hütte

Ausgangspunkt Diese Rundtour lässt sich hervorragend mit öffentlichen Verkehrsmitteln bewältigen, Ausgangspunkt ist der Bahnhof Leogang und Endpunkt der Bahnhof Leogang-Steinberge.

Vom Bahnhof Leogang (840 m) Richtung Norden zuerst auf der Fahrstraße, dann auf einem Forstweg, stellenweise

die Abkürzungen durch den Wald nutzend, zur Riedlalm (1 224 m). Nun über Almgelände zur Riedl Hochalm und zum Riedlspitz. Von dort kurz etwas steiler bergab (Sicherungen) und dann lange im steilen Ritzenkar (Weg 620), zuerst durch Latschen, später über Felsen mit teilweise stark verblassten Markierungen meist einsam in die Ritzenkarscharte (2 420 m). Vorsicht im Frühsommer bei Altschneefeldern! Von der Ritzenkarscharte zuerst leicht bergab, dann wieder bergauf in die Kuchelnieder (2 437 m) und über die gut versicherte Westseite der Gipfelpyramide des Birnhorns über Kalkbänder und stellenweisen Felsstufen Richtung Birnhorngipfel. Der höchste Punkt von Leogang befindet sich 17 Meter südsüdwestlich vom Gipfel auf knapp 2 633 Meter Seehöhe (GPS mitnehmen) und ist damit um etwa 1,5 Meter niedriger als der Gipfel des Birnhorns, der auf Gemeindegebiet von Weißbach liegt. Der Abstieg zur Passauer Hütte über die Kuchelnieder führt zuerst auf dem Anstiegsweg retour und zweigt in der Kuchelnieder Richtung Osten (Weg 623) zur Passauer Hütte (2 051 m, vom Gipfel ca. 2 Stunden, AV-Hütte, Nächtigung möglich) ab. Der weitere Abstieg ins Ullachtal ist gleichmäßig steil, der Parkplatz am Talschluss in Gunzenreit liegt auf 877 Meter und bis zum Bahnhof Leogang-Steinberge sind es noch weitere 1 500 Meter (2–2½ Stunden von der Passauer Hütte).

Die Südostwand und der Durchstieg durch das Melkerloch werden im Abstieg selten begangen und sind – von der Passauer Hütte kommend – eine spektakuläre Anstiegsvariante. Trittsicherheit und Schwindelfreiheit erforderlich.

Saalfelden Großer Hundstod   2 594 m   97

Ranking	⛰ 31 Salzburg (119)	⛰ 15 Pinzgau (28)	

Koordinaten WGS 84: 12,885830 W, 47,512506 N;
BMN M31: 416347,1; 263845,0

Karten BEV: UTM ÖK50 3215 Saalfelden am Steinernen Meer; Kompass: 291 Rund um Salzburg; Alpenverein: 10/1 Steinernes Meer

Summits in der Nähe
- 96 Leogang – Birnhorn
- 95 Weißbach bei Lofer – Birnhorn
- 92 Unken – Großes Häuselhorn
- 98 Maria Alm – westl. Hoher Kopf
- 99 Dienten – westl. Hoher Kopf

T3, Jagasteig T4 • Zweitagestour • 2 400 Höhenmeter • ca. 27 km • 14 Stunden • Übernachtung auf dem Ingolstädter Haus
Ausgangspunkt Saalfelden – Bachwinkl, mit den Öffis vom Busparkplatz Saalfelden zur Haltestelle Saalfelden-Hubertus; Parkplätze für Autos vorhanden (840 m)

Vom Bachwinkl auf dem Weg 412, Peter-Wiechenthaler-Hütte, bis zum Wegkreuz in circa einer Stunde. Ab hier gibt es drei Möglichkeiten, den – kürzesten – Normalweg 412, der der klassische Abstiegsweg ist, den ausgesetzten, schwarz markierten und teilweise versicherten Jagasteig 412D und den Schattseitweg 412A, der vor allem bei späterem Start zu empfehlen ist (je nach Weg 2–3½ Stunden, 870 hm). Hinter der Hütte durch vereinzelte Bäume und Latschen, später über einige Schotterriesen auf dem Weg 412 Richtung Weißbachlscharte, zum Schluss steil in diese hinein. Von der Scharte bietet sich ein weiter Blick über die beeindruckende Karstlandschaft des Steinernen Meeres Richtung Norden und Osten. Beim Abstieg von der Weißbachlscharte ist Trittsicherheit gefragt, am sogenannten Praterstern geht es nach links und über die unterschiedlichen Karstformationen in einer guten Stunde zum Ingolstädter Haus (3¼ Stunden, 720 hm).
Jetzt gilt es zu entscheiden: Sonnenunter- oder Sonnenaufgang auf dem Hundstod? Wer sich für den Sonnenuntergang entscheidet, bezieht das hoffentlich reservierte Lager, stärkt sich und sollte nach einer weiteren knappen Stunde (Weg 40) den Großen Hundstod erreicht haben. Achtung: Das Gipfelkreuz steht nicht

auf dem höchsten Punkt, dieser liegt etwa 85 Meter östlich von diesem auf 2594 Meter. GPS nicht vergessen. Abstieg zum Ingolstädter Haus wie Anstieg.

Zum Sonnenaufgang eventuell bereits vor dem Frühstück starten, der Rückweg ist noch lang genug. Dieser folgt dem Anstieg, kann aber über einen der südseitigen Wege ins Steinerne Meer oder über das Riemannhaus verlängert werden.

98 Maria Alm westlich des Hohen Kopfes 2 868 m

Ranking	17 Salzburg (119)	11 Pinzgau (28)	

Koordinaten WGS 84: 13,053087 W, 47,420241 N;
BMN M31: 428908; 253527,5

Karten BEV: UTM ÖK50 3215 Saalfelden am Steinernen Meer, 3216 Bischofshofen, 3222 St. Johann im Pongau; Kompass: 291 Rund um Salzburg; Alpenverein: 10/2 Hochkönig, Hagengebirge

Summits in der Nähe

- 99 Dienten – westl. des Hohen Kopfes
- 52 Werfen – Hochkönig
- 53 Mühlbach am Hochkönig – Hochkönig
- 61 Goldegg – Hochegg
- 60 Schwarzach – Urlsberg

Besonderheit Der Hohe Kopf ist mit Dienten 99 zusammen ein echter Doppelsummit. Außerdem ist der Gipfel des Hochkönigs ebenfalls ein Doppelsummit für Werfen 52 und Mühlbach 53 und würde diese Zweitagestour damit zu einem äußerst ertragreichen Summit-Ausflug machen.

T5 • von Bertgenhütte bis Teufelslöcher tlw. Klettersteig B • 1 900 Höhenmeter • 18 km • 11–12 Stunden
Ausgangspunkt Ortszentrum von Hinterthal westlich von Maria Alm (1 016 m)

Richtung Nordosten auf dem Weg 431 – Bertgenhütte, der jungen Urslau entlang. Durch Wald, später durch Latschen an der Abzweigung zur Poschalm vorbei bis zur Bertgenhütte (1 846 m, 2 Stunden, Schlafplätze, Selbstversorgerhütte). Ab

dem Ende des Schneekares auf dem Mooshammer Steig durch steiles und teils steinschlaggefährdetes Gelände, das jedoch an den heiklen Stellen mit Sicherungen (Stahlseilen und -leitern, I) versehen ist. Zu guter Letzt geht es durch das rechte der Teufelslöcher zum westlichen Ende der Übergossenen Alm. Von dort den Markierungsstangen über die Reste der ehemals vergletscherten Übergossenen Alm bis zum Hohen Kopf folgen. Der Gipfel hat kein Gipfelkreuz und seine Bekanntheit als Ausstieg des Königsjodler-Klettersteiges erlangt (GPS mitnehmen). Bis hierher 5½ Stunden.
Achtung: der höchste Punkt des Hohen Kopfes liegt 10 Meter weiter östlich auf 2 875 Meter Seehöhe. Bis zum Matrashaus, das auf dem Gipfel des Hochkönigs schon sichtbar ist, ist es eine weitere Dreiviertelstunde. Dieses bietet sich als Stützpunkt an, wenn die Tour über zwei Tage angelegt wird. Der Abstieg erfolgt, sowohl beim Eintages- wie auch beim Zweitagesausflug, über das Birgkar knapp östlich des Hohen Kopfes. Dieses ist mit dem losen Geröll auf abschüssigen Platten mit äußerster Vorsicht zu begehen und trittsicheren Bergsteigern vorbehalten. Vorsicht: Steinschlag! Bis in den Sommer hinein sind für den oberen Teil wegen der zum Teil harten Altschneefelder Steigeisen ratsam! Auf einer Höhe von etwa 2 200 Meter zweigt nach rechts ein Steig hinauf in den Kamin und zur Hohen Scharte Richtung Erichhütte ab (Einstieg Königsjodler). Nun über Almgelände und schöne Wanderwege unter atemberaubender Bergkulisse via Pichlalm und Mußbachalm retour nach Hinterthal (Weg 436 und 401a, 6,5 km ab Erichhütte).

Dienten westlich des Hohen Kopfes 2 868 m 99

Ranking	🚩 17 Salzburg (119)	🚩 11 Pinzgau (28)	
Koordinaten	WGS 84: 13,053087 W, 47,420241 N; BMN M31: 428908; 253527,5		
Karten	BEV: UTM ÖK50 3215 Saalfelden am Steinernen Meer, 3216 Bischofshofen, 3222 St. Johann im Pongau; Kompass: 291 Rund um Salzburg; Alpenverein: 10/2 Hochkönig, Hagengebirge		

Summits in der Nähe

- 98 Maria Alm – westl. des Hohen Kopfes
- 52 Werfen – Hochkönig
- 53 Mühlbach am Hochkönig – Hochkönig
- 61 Goldegg – Hochegg
- 60 Schwarzach – Urlsberg

T6 • Klettersteig D • 1 700 Höhenmeter, davon 700 Höhenmeter im Klettersteig • ca. 11 Kilometer • 9–12 Stunden

Ausrüstung Klettersteigset, Standard-Bergausrüstung, bis in den Sommer für den Abstieg durchs Birgkar Steigeisen.
Ausgangspunkt Parkplatz am Dientner Sattel (1 342 m), ca. 700 Meter westlich vom Birgkarhaus.

Der Anstieg über den Königsjodler führt über den längsten Klettersteig Salzburgs und erfordert ein entsprechendes Maß an Kondition, Kraft und Können. Die höchste Schwierigkeitsbewertung liegt bei „D", aber die Summe aus dem Zustieg von gut 2 Stunden, die 700 Klettermeter in oftmaligen Auf und Ab und der lange Abstieg durchs Birgkar machen den Königsjodler zusätzlich zu einer kräfteraubenden

Herausforderung, die nur bei stabilem Schönwetter und sehr guter Kondition angegangen werden sollte.

Vom Parkplatz, der schon in Mühlbach liegt, gleich danach auf Dientner Gemeindegebiet wechseln und nun auf breitem Fahrweg in gut einer halben Stunde die 200 Höhenmeter zur Erichhütte. Von hier auf einem gut erkennbaren Wiesenweg (Nr. 432) Richtung Grandlspitz und Hohe Scharte zum Einstieg des Königsjodlers (ca. 2¼ Stunden ab Parkplatz, 2310 m). Die nun beginnende Kletterei ist landschaftlich äußerst eindrucksvoll, verläuft meist direkt auf dem Grat und überwindet dabei mehrere kleine Gipfel, scharfe Grate und Schluchten, inkl. Flying Fox, der jedoch auch umklettert werden kann. Bis zum Ausstieg am Hohen Kopf sollten rund 4½ Stunden veranschlagt werden. Der höchste Punkt des Hohen Kopfes liegt 10 Meter weiter östlich auf 2875 Meter Seehöhe. Der Aufstieg kann unterhalb des Fußes des Kummetsteins über den Notausstieg ins Birgkar abgebrochen werden. Der Abstieg erfolgt wie in Tour 98 über das Birgkar zurück zur Erichhütte und zum Parkplatz. Vorsicht beim Abstieg: loses Geröll, abschüssige Felsplatten sowie möglicher Steinschlag machen diesen Abstieg riskant. Nach dem Anstieg über den Klettersteig sollten deshalb noch genügend Konzentration und Kondition übrig sein! Bis in den Sommer hinein können wegen der Altschneefelder auch Steigeisen notwendig sein!

Wenn die Tour auf zwei Tage angelegt wird, bietet sich ein Abstecher zum Matrashaus mit Übernachtung an. So können gleich vier Summits abgehakt werden (Maria Alm 98, Dienten 99, Werfen 52 und Mühlbach 53).

100 Saalbach-Hinterglemm Geißstein 2 363 m

Ranking 48 Salzburg (119)   20 Pinzgau (28)
Koordinaten WGS 84: 12,495212 W, 47,337450 N;
BMN M31: 386713,2; 244627,1
Karten BEV: UTM ÖK50 3220 Mittersill;
Kompass: 29 Kitzbühler Alpen;
Alpenverein: 34/2 Kitzbüheler Alpen Ost

Summits in der Nähe

- 113 Stuhlfelden – Geißstein
- 101 Viehhofen – Oberer Gernkogel
- 110 Piesendorf – Bambachkopf
- 115 Hollersbach – Blessachkopf

T2 • 850 im Auf- und 1 550 Höhenmeter im Abstieg • 16 km • 7–8 Stunden

Ausgangspunkt Talstation der Zwölferkogelseilbahn in Hinterglemm; die Wanderung beginnt bei der Bergstation auf 1 983 Meter.

Trotz des raschen und gemütlichen Anstiegs wartet eine lange und fordernde, landschaftliche sehr schöne Höhenwanderung über einige Gipfel in zahlreichem Auf und Ab. Zuerst geht es entlang des Panoramaweges Richtung Südwesten über die Hohe Penhab (2 113 m) immer auf dem Rücken bleibend über ein paar kleinere, namenlose Erhebungen in die Stoffenscharte. Kurz darauf dreht der Weg nach Westen und führt über den Mittagskogel (2 092 m), fast ständig über 2 000 Meter Seehöhe über die Murnauer Scharte und den Leitenkogel (2 015 m). Zuletzt von Süden

her in einem steilen Aufschwung auf den höchsten Grasgipfel der Kitzbüheler Alpen.

Der Geißstein ist ein Doppelsummit für die Gemeinden Saalbach-Hinterglemm 100 und Stuhlfelden 113, der tatsächlich höchste Punkt des Berges liegt – laut den Laserscandaten – jedoch im benachbarten tirolerischen Jochberg (für die Saalbacher und Stuhlfeldener zur Beruhigung: Es geht nur um ein paar Zentimeter). Der Abstieg führt kurz retour, östlich des Geißsteins herum, bei der Abzweigung in der Schlaberstatt nach links in die Schusterscharte und von dort zuerst über teilweise steileres Almgelände zur Lindlingalm. Von dort verkehrt von Mai bis Oktober der Glemmtaler Talschlusszug mit Anschluss zum Ausgangspunkt. Saisonal variierende Abfahrtszeiten beachten!

Viehhofen **Oberer Gernkogel** 2 175 m **101**

Ranking	61 Salzburg (119)	26 Pinzgau (28)

Koordinaten WGS 84: 12,670171 W, 47,332547 N;
BMN M31: 399931,2; 243954,1

Karten BEV: UTM ÖK50 3220 Mittersill und 3221 Zell am See; Kompass: 50 Nationalpark Hohe Tauern und 29 Kitzbüheler Alpen;
Alpenverein: 34/2 Kitzbüheler Alpen Ost

Summits in der Nähe
- 102 Maishofen – Sausteigen
- 110 Piesendorf – Bambachkopf
- 100 Saalbach – Geißstein
- 113 Stuhlfelden – Geißstein

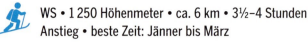

WS • 1 250 Höhenmeter • ca. 6 km • 3½–4 Stunden Anstieg • beste Zeit: Jänner bis März

Ausgangspunkt westlich von Viehhofen am Beginn des Exenbachgrabens, kurz nach dem Weiler Exenbach (950 m)

Vom Startpunkt entlang des Forstweges zur Streitbergalm. Weiter Richtung Südwesten zur Gastegjagdhütte und – je nach Schneeverhältnissen – entweder auf dem Nordrücken des Langecks, sonst in dessen Westflanke etwas langwierig zum Gipfelkreuz des Oberen Gernkogels. Für die Abfahrt bieten sich die westseitigen Hänge des Kammes zwischen Gernkogel und Langeck an, nördlich des Langecks geht es dann entlang der Aufstiegsspur hinab.

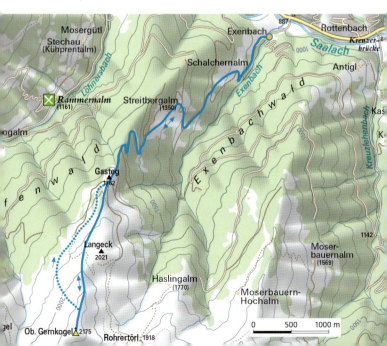

Maishofen Sausteigen, nördl. des Gipfels 1 913 m 102

Ranking 66 Salzburg (119) 28 Pinzgau (28)
Koordinaten WGS 84: 12,758624 W, 47,388159 N;
 BMN M31: 406662,7; 250083,5
Karten BEV: UTM ÖK50 3221 Zell am See;
 Kompass: 291 Rund um Salzburg;
 Alpenverein: 34/2 Kitzbüheler Alpen Ost

Summits in der Nähe
- 103 Zell am See – Schwalbenwand
- 101 Viehhofen – Oberer Gernkogel
- 96 Leogang – Birnhorn
- 95 Weißbach bei Lofer – Birnhorn

Besonderheit Dieser Summit ist der niedrigste Pinzgauer Summit und der einzige, der unter 2 000 Meter liegt! Zudem liegt der höchste Punkt 230 Meter nördlich des Kreuzes und gut 3 Meter höher (1 912,70 m) und ist leicht zu erkennen.

T2 • 1 150 Höhenmeter • 14 km • 5–7 Stunden
Ausgangspunkt Parkplatz Stablbergbrücke, westlich von Maishofen am Eingang ins Glemmtal (770 m)

Vom Parkplatz über die Saalach und durch den Wald aufwärts Richtung Gasthaus Stablberg (1 062 m). Ab hier verjüngt sich der Weg zu einem Wanderweg und steigt durch den Wald beständig an. Fallweise wird die Forststraße zur Gadenstättalm gekreuzt. Kurz nach dieser lichtet sich auf Höhe der Jahnhütte der Waldbestand und der Wiesenwanderweg führt stets Richtung Nordwesten, gegen Ende entlang eines mächtigen Schneezaunes zum Gipfelkreuz der Sausteigen. Ausblicke in die Hohen Tauern, zum Steinernen Meer und zur Schwalbenwand **103**, dem Summit von Zell am See. Zum höchsten Punkt führen 230 Streckenmeter auf dem Rücken nach Norden zu einem Fels-/Wiesenhöcker ganz im Nordwesten des Maishofener Gemeindegebietes. Der Abstieg erfolgt entweder auf gleichem Weg oder auf dem Rücken in stetigem Auf und Ab über Haiderbergkogel (1 875 m), Durchenkopf (1 764 m) und das Weikersbacher Köpfl (1 616 m) auf einem lieblichen Waldwanderweg zum Berggasthof Biberg (1 426 m).
Nach dem Weikersbacher Köpfl wegen des Bergbaus südlich des Weikersbacher Kopfes (1 541 m, Aussichtsturm)

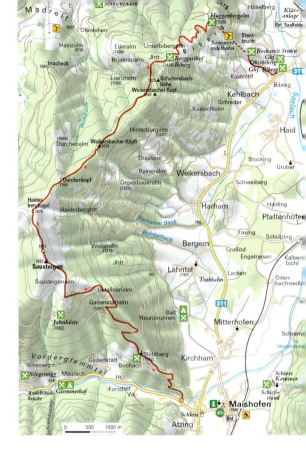

tendenziell links halten und den Schildern zum Berggasthof Biberg (Sonnenterrasse) folgen. Zum Schluss noch gut 300 Höhenmeter auf einem breiten Fahrweg hinunter (im Winter Rodelbahn) zum Gasthof Huggenberg und von dort mit der Sommerrodelbahn oder dem Sessellift ins Tal (Mai bis Oktober). Von der Talstation sind es nur mehr 800 Meter zur Bushaltestelle Saalfelden-Biberg.

103 Zell am See Schwalbenwand 2 012 m

Ranking 64 Salzburg (119) 27 Pinzgau (28)
Koordinaten WGS 84: 12,863369 W, 47,364277 N;
BMN M31: 414555,1; 247375,1
Karten BEV: UTM ÖK50 3221 Zell am See;
Kompass: 291 Rund um Salzburg;
Alpenverein: 45/1 Niedere Tauern I

Summits in der Nähe
- 102 Maishofen – Sausteigen
- 104 Bruck a. d. Glocknerstraße – Schafelkopf
- 105 Taxenbach – Achenkopf

T1 • 1 260 Höhenmeter, davon 470 mit dem Mountainbike • 27 km hin und retour, davon 18 mit dem Mountainbike • 3 ½–5 Stunden
Ausgangspunkt Bahnhof Zell am See (750 m)

Vom Stadtzentrum auf dem Radweg entlang des Sees nach Norden, beim Schloss Prielau und dem Krankenhaus vorbei auf die andere Seeseite nach Thumersbach. An der Abzweigung bei der Hubertuskapelle links 1,5 Kilometer in den Thumersbacher Graben, bevor es dann links ab zum Gasthof Mitterberg und zur Schützing-Alm geht. Die schmale Straße ist asphaltiert und steigt gleichmäßig bis zum Mitterberghof (1 215 m) an. Ab hier offizielles Radfahrverbot und bis hierher auch mit dem Auto möglich (Parkgebühr). Hinter dem Schranken zu Fuß zuerst auf der Forststraße

und bei der Kote 1 283 links und kurz danach wieder rechts auf den beschaulichen Waldwanderweg (82). Zuerst noch im Wald, später dann auf dem breiten Rücken und Almgelände oberhalb der parallel verlaufenden Forststraße bis zum etwas steileren Gipfelanstieg zur Maishofener Schwalbenwand (1 895 m). Diese ist nicht zu verwechseln mit dem eigentlichen Schwalbenwandgipfelkreuz. Und bei diesem sollte man wiederum nicht glauben, dass dies nun der höchste Punkt wäre. Zur Schwalbenwand geht es den Rücken weiter nach Osten bis zum Gipfelkreuz (2 004 m). Der höchste Punkt von Zell am See liegt mit 2012 Meter rund 75 Meter Richtung Süden und ist gut als höchster Punkt erkennbar (Wegtaferl, Zaunstecken). Der Abstieg verläuft bis zur Maishofener Schwalbenwand entlang der Aufstiegsroute. Nach dem etwas steileren Abstieg links halten. Vor der Rückkehr empfiehlt sich eine Einkehr auf der Schützing Alm. Der weitere Abstieg folgt entweder der Forststraße oder führt auf den Rücken und folgt dem Anstiegsweg zum Ausgangspunkt.

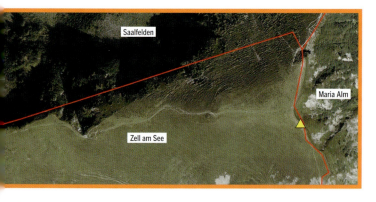

Bruck a. d. Glocknerstraße **Schafelkopf** 2 266 m **104**

Ranking	⛰ 57	Salzburg (119)	⛰ 24	Pinzgau (28)

Koordinaten WGS 84: 12,882102 W, 47,242205 N;
BMN M31: 415891,2; 233795,0

Karten BEV: UTM ÖK50 3221 Zell am See;
Kompass: 50 Nationalpark Hohe Tauern;
Alpenverein: 45/1 Niedere Tauern I

Summits in der Nähe
- 105 Taxenbach – Achenkopf
- 106 Lend – Bernkogel
- 62 Dorfgastein – Bernkogel
- 108 Fusch a. d. G. – Wiesbachhorn
- 109 Kaprun – Wiesbachhorn

T3 • 1 100 Höhenmeter • 12 Kilometer • 5–6 Stunden • als kombinierte Bike-and-Hike-Tour plus 900 Höhenmeter und 22 km mit dem Rad
Ausgangspunkt kleiner Parkplatz beim Schranken zehn Kehren oberhalb des Feriendorfes Oberreit südlich des Hauserdörfls (1 180 m)

Von der Schranke in einigen Kehren auf dem Forstweg durch den Wald zur Erlhofalm (1½ Stunden, 1 653 m). Von hier öffnet sich der erste Blick auf den weiteren Weg in das zunehmend steiler werdende Kar zwischen Breitkopf und Schafelkopf. Dieser führt hinter der Alm weiter auf einem schmalen Wiesenpfad, quert einen kleinen Bach, leitet weiter oben über grusiges, rutschiges Material und letztendlich in einer steilen Rinne hinauf in die Scharte zwischen Breit- und Schafelkopf.

Um alle „Drei Brüder" mitzunehmen, geht's zuerst nach links auf den Breitkopf (2 251 m). Schwindelfreiheit und Trittsicherheit erforderlich! Wieder zurück in die Scharte und nun auf das eigentliche Ziel, den höchsten Punkt von Bruck an der Großglocknerstraße, den Schafelkopf (2 266 m). Den Grat entlang zum dritten Bruder, dem Stolzkopf (2 138 m). Über einen breiten Grasrücken weiter nach Westen in die Heubergscharte (1 915 m), dann nach rechts abzweigend über die Wiesen und Weiden hinunter bis zur Forststraße und auf dieser zur Heubergalm (1 663 m). Anschließend entlang des Forstweges bis zur Abzweigung Erlhofalm und auf dem gleichen Weg wie beim Aufstieg zurück zum Parkplatz (plus ca. 2 Stunden).

Variante Die kombinierte Bike-and-Hike-Tour startet beim Bahnhof in Bruck und führt über Oberhof und Niederhof auf dem Tauernradweg bis zur Abzweigung von der Niederhofstraße Richtung Feriendorf Oberreit (ca. 3 km). Ab hier knapp 900 Höhenmeter und 8 Kilometer auf ausgewiesener Mountainbikestrecke bis zur Erlhofalm. Auf den Schafelkopf zu Fuß weiter und – sollte die oben beschriebene Runde geplant sein – im Abstieg nach der Heubergalm nicht auf der Forststraße, sondern den leicht oberhalb verlaufenden Wiesenweg direkt zur Erlhofalm retour zum Bike.

105 Taxenbach Achenkopf 2 260 m

Ranking	⛰ 58 Salzburg (119)	⛰ 25 Pinzgau (28)	
Koordinaten	WGS 84: 12,896501 W, 47,240409N; BMN M31: 416980,1; 233589,0		
Karten	BEV: UTM ÖK50 3221 Zell am See; Kompass: 50 Nationalpark Hohe Tauern; Alpenverein: 45/1 Niedere Tauern I		

Summits in der Nähe

- 105 Taxenbach – Achenkopf
- 106 Lend – Bernkogel
- 62 Dorfgastein – Bernkogel
- 103 Zell am See – Schwalbenwand

T4 • 1 300 Höhenmeter • 16 km • 6–7 Stunden
Ausgangspunkt in Högmoos über das Kraftwerk, rechts und gleich wieder links Richtung Thannberg. Bergauf, bis 300 Meter hinter Oberthann in einer langgezogenen Rechtskurve links in den Wald ein abgeschrankter Forstweg abgeht (1 025 m). Parkmöglichkeit rechts vor dem Schranken.

Bei der ersten Abzweigung im Wald rechts halten und nach gut 500 Metern bei der alleinstehenden großen Fichte mit Wegweiser vorher links in den Schotterfahrweg. Auf

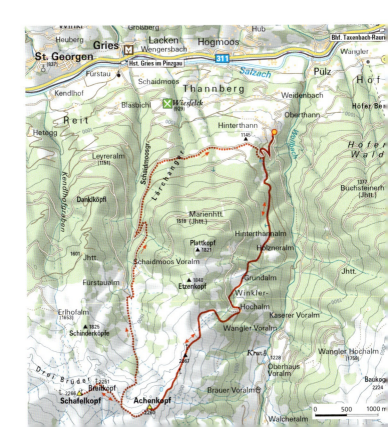

diesem leicht ansteigend nach Süden zur Hinterthannalm und – links unten – zur Holzneralm (1 287 m). Der kaum mehr vorhandenen Sommermarkierung 730 Richtung Südwesten einem teilweise verwachsenen Karrenweg, teilweise weglos, bis zur verfallenen Winkler Grundalm folgen und über Almwiesen auf die Forststraße oberhalb. Bei der Plattalm (auch Winkler Hochalm) endet der Fahrweg. Nun direkt Richtung Westen auf dem besser markierten und gut erkennbaren Wanderweg, teilweise etwas steiler zum Thannbergköpfl (2 067 m, Weg 730, AV-App!) und von dort über den recht luftigen Grat auf den Achenkopf.

Der Abstieg erfolgt entweder auf dem Anstiegsweg oder geht als Rundtour mit dem Summit von Bruck und einem schwierigen und steilen Abstieg weiter.

Vom Gipfel nun Richtung Westen und – mit kleinem Umweg über den Breitkopf (2 251 m) auf den Schafelkopf (**104** 2 266 m), den Summit der Nachbargemeinde Bruck an der Großglocknerstraße (ca. 45 Min). Von dort wieder zurück oder sonst gleich in der Einschartung (2 100 m) zwischen Achenkopf und Breitkopf auf dem Weg 731 (AV-App) steil und schwierig, teilweise nur auf Steigspuren hinab zur Forststraße zwischen Fürstaualm und Schaidmoos-Voralm. Auf dieser rechts den Schaidmoosgraben hinaus und auf der Höhenkote 1 150 nach rechts und relativ eben zurück zum Ausgangspunkt.

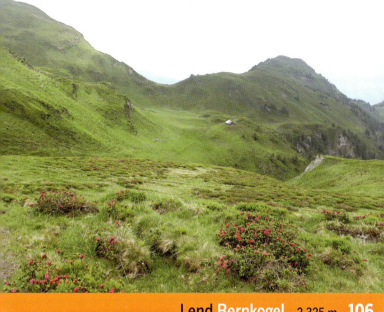

Lend Bernkogel 2 325 m **106**

Ranking	52 Salzburg (119)	22 Pinzgau (28)

Koordinaten WGS 84: 13,043256 W, 47,248858 N;
BMN M31: 428095,1; 234476,4

Karten BEV: UTM ÖK50 3221 Zell am See und
3222 St. Johann im Pongau;
Kompass: 50 Nationalpark Hohe Tauern;
Alpenverein: 45/1 Niedere Tauern I

Summits in der Nähe
- 62 Dorfgastein – Bernkogel
- 59 St. Veit – Höllwand
- 60 Schwarzach – Urlsberg
- 105 Taxenbach – Achenkopf

T3 • 1 360 Höhenmeter • 17 km • 6–7 Stunden
Ausgangspunkt von Embach 750 Meter auf der Hauptstraße nach Osten, nach rechts über die Brücke und weitere 1 700 Meter ins Stoffdörfl (970 m); keine ausgewiesenen Parkplätze, ggf. fragen

Vom Stoffdörfl auf der geschotterten Straße bergauf direkt nach Süden, nach 300 Metern an der Abzweigung rechts halten und nach weiteren 200 Metern nach links in den etwas unscheinbaren Weg in den Wald, weiter direkt nach Süden. Auf dem Karrenweg nun etwas steiler bergauf bis zur markanten Almstraße zur Tischleralm. Auf dieser geht es leicht bergan bis zur Kehre vor der Hinterwinklstoff Hochalm (1526 m). In der Kehre weiter geradeaus auf den nun markierten Wanderweg in das mächtige Kar zwischen Katzenkopf und Bernkogel. Der Weg (Nr. 131) wird steiler, ist fallweise nass und überwachsen, aber gut zu finden. Nach der Steilstufe eröffnet sich unvermittelt der große Kessel rund um die Lieskaralm und hier treffen die Anstiege von Rauris und Dorfgastein auf den eher wenig begangenen Anstieg von Embach. Richtung Osten durch den Kessel zur Gipfelpyramide des Bernkogels, unterhalb dessen über eine kurze, versicherte Stelle und einen steilen, grasigen Gipfelaufbau auf den Doppelsummit für Lend und Dorfgastein (**62** 7,5 km, 3 Stunden). Der Abstieg geht über die Steilstufe retour, biegt aber dann rechts ab über einen alpinen Steig zur Amoser Höhe (1915 m) und folgt auf dem Rücken dem Salzburger Almenweg zum beliebten Skitourenberg Hahnbalzköpfel (1862 m) und zum Kreuzkögerl (1806 m). Hier nun rechts auf den Weg 117 via Drei-Waller-Kapelle zur Kögerlalm und auf dem markierten Steig über Wiesen und durch den Wald in einer guten Stunde zurück zum Auto.

107 Rauris Hocharn 3 254 m

Ranking	6 Salzburg (119)	6 Pinzgau (28)

Koordinaten WGS 84: 12,937408 W47,075961 N;
BMN M31: 419984,2; 215289,9
Karten   BEV: UTM ÖK50 3227 Grossglockner;
Kompass: 50 Nationalpark Hohe Tauern;
Alpenverein: 42 Sonnblick

Summits in der Nähe
- 63 Bad Hofgastein – Silberpfennig
- 108 Fusch a. d. G. – Wiesbachhorn
- 109 Kaprun – Wiesbachhorn
- 105 Taxenbach – Achenkopf

ZS • 1 700 Höhenmeter • 12 km • 5 Stunden Anstieg • beste Zeit: März bis Mai • wegen der südost-orientierten Lage frühes Aufbrechen notwendig

Ausgangspunkt Parkplatz Lenzanger (1 550 m). Vom Bodenhaus im hinteren Rauriser Tal führt eine Mautstraße (Öffnungszeiten je nach Witterung von Ostern bis Ende Oktober) zum Parkplatz Lenzanger. Nach Öffnung der Mautstraße ein Frühjahrsklassiker, der zum Teil sehr gut besucht sein kann.

Vom Parkplatz Lenzanger erst einen Kilometer auf dem Zufahrtsweg nach Kolm Saigurn flach bis zur Abzweigung über eine Holzbrücke nach Westen zum Lachegggraben in das weite südostseitige Kar zwischen Hohem Sonnblick im Süden und Hocharn im Westen. Im Wesentlichen auf dem Erfurter Weg (Sommeranstieg) bzw. den Aufstiegsspuren folgend zuerst durch Latschen, später über schier endlose Hänge und durch zum Teil steiles und felsdurchsetztes Gelände bergauf. Ab circa 2 900 Meter Höhenlage auf das Hocharnkees und über dieses steil auf den Gipfel. Abfahrt etwa entlang des Aufstieges.

108 Fusch a. d. G. Großes Wiesbachhorn 3 564 m

Ranking	2 Salzburg (119)	2 Pinzgau (28)
Koordinaten	WGS 84: 12,754946 47,156703 N; BMN M31: 406193,1; 224353,3	
Karten	BEV: UTM ÖK50 3227 Großglockner; Kompass: 50 Nationalpark Hohe Tauern; Alpenverein: 40 Glocknergruppe	

Summits in der Nähe
- 109 Kaprun – Großes Wiesbachhorn
- 111 Niedernsill – Großer Schmiedinger
- 112 Uttendorf – Johannisberg
- 110 Piesendorf – Bambachkopf

ZS- • kurze Stellen mit Bohrhaken II, stellenweise Halteseile • 2-tägige Überschreitung des Großen Wiesbachhorns • 2 600 Höhenmeter (1 150/1 450) • 19 km (8/11) • 3½ und 7–9 Stunden • beste Zeit: Juni bis September • Hochtourenausrüstung

Anmerkung Diese Tour ist selbständigen Alpinisten vorbehalten, das Bratschengelände sowie die Einstiegsrampe sind bei Nässe rutschig, schwirig zu gehen und für den Abstieg nicht ratsam; Teilstrecken sind entweder mit Stahlhalteseilen oder Bohrhaken zum selbstständigen Sichern versehen. Wer trotzdem über die Bratschen absteigen möchte, muss sich bereits beim Anstieg den Einstieg in die plattige Rampe einprägen, da dieser von oben kommend nicht leicht zu finden ist und bei schlechter Sicht davon abgeraten wird.

Ausgangspunkt mit dem Bus Nr. 650 von Zell am See nach Ferleiten (Mautstelle der Großglockner Hochalpenstraße, 1 151 m)

Von Ferleiten zu Fuß nach Westen über die Brücke zum Tauerngasthof und auf dem geschotterten Almweg (Weg 727) entlang der jungen Fuscher Ache bis zur Abzweigung zur Vögerlalm. Weiter auf dem Fahrweg und später auf dem alpinen Wanderweg zur Schwarzenberghütte (2267 m, Nächtigung reservieren; 3½ Stunden). Von der Schwarzenberghütte leicht ansteigend Richtung Norden über Geröll und lockere Steine zu der breiten, abschüssigen, plattigen Rampe, die schräg nach links oben zieht. So früh wie möglich auf diese und gegebenenfalls sichern (Bohrhaken). Der Ausstieg (Schlüsselstelle) ist zusätzlich mit Stahlseilen gesichert. Danach geht es in mehreren Serpentinen über teils Gehgelände, teils schmale Fels- oder Sandbänder in Richtung des Vorderen Bratschenkopfes und über eine letzte versicherte Stelle auf dessen Südostgrat. Auf etwa 3300 Meter führt der weitere Weg leicht fallend über Bratschen- und Schottergelände rechts des Vorderen Bratschenkopfs vorbei nach Norden auf das Teufelsmühlkees. Von dort in die Wielinger Scharte (3265 m). Zu guter Letzt auf dem Westgrat, der sich hier mit dem Normalanstieg von Nordwesten von den Kapruner Stauseen vereint, in mittelschwierigem Gelände, in dem teilweise die Hände zu Hilfe genommen werden müssen, auf den Gipfel des Wiesbachhorns. Das Wiesbachhorn wird auch gerne als höchster Salzburger Gipfel, der ausschließlich auf Salzburger Boden steht, bezeichnet. Der Großvenediger als einziger Gipfel in Salzburg, der höher als das Wiesbachhorn ist, steht an der Landesgrenze zu Osttirol. Das Gipfelkreuz und der höchste Punkt des Wiesbachhorns stehen auf dem Gemeindegebiet von Fusch. Die vermessene Gemeindegrenze verläuft leicht westlich des höchsten Punktes und der höchste Punkt von Kaprun ist damit gut 15 Meter weiter westlich und 4 Meter niedriger. Der Abstieg (3½ Stunden) nach Kaprun führt auf dem Normalweg über den Kaindlgrat (Achtung – auch hier Rutsch- und Absturzgefahr!) und eine mit einem Stahlseil versicherte Stelle zum Heinrich-Schwaiger-Haus (2 802 m) und in langen Serpentinen zu den Hochgebirgsstauseen von Kaprun (2 040 m). Vom westlichen Ende der Mooser Sperre fährt ein Bus zurück nach Kaprun und Zell am See.

109 Kaprun Großes Wiesbachhorn 3 560 m

Ranking 3 Salzburg (119) 3 Pinzgau (28)
Koordinaten WGS 84: 12,754749 W, 47,156682 N;
BMN M31: 406178,3; 224350,9
Karten BEV: UTM ÖK50 3227 Großglockner;
Kompass: 50 Nationalpark Hohe Tauern;
Alpenverein: 40 Glocknergruppe

Summits in der Nähe
- 108 Fusch a. d. G. – Großes Wiesbachhorn
- 111 Niedernsill – Großer Schmiedinger
- 112 Uttendorf – Johannisberg
- 110 Piesendorf – Bambachkopf

WS-, I • 1 530 Höhenmeter • 11 km • 7–8 Stunden • für den Kaindlgrat und den Gipfelanstieg können Steigeisen hilfreich sein

Ausgangspunkt Parkplatz Kesselfall am Talschluss des Kapruner Tales (1 034 m). Vom Busparkplatz beim Gasthof Kesselfall mit dem öffentlichen Bus zum Startpunkt der Tour am Westende der Moosersperre beim Stausee Mooserboden (2 040 m).

Über beide Staumauern und nach der Drossensperre links Richtung Heinrich-Schwaiger-Haus und Wiesbachhorn. In gut 2 Stunden über zahlreiche Serpentinen bis zum Schwaiger-Haus auf 2 802 Meter Seehöhe. Traumhafte Ausblicke auf die beiden Stauseen und die umliegenden Dreitausender. Wenige Meter nach der Hütte geht es über die Schlüsselstelle der Tour, eine knapp 15 Meter hohe, mit einem Stahlseil versicherte Felsstufe,

und weiter auf den Kaindlgrat mit erstem vollständigen Blick auf das Tagesziel. Bei guten Verhältnissen meist unschwierig, bei hartem Schnee und Eis können Steigeisen ab hier hilfreich sein. Am Ende des Grates wieder einfacher weiter auf das obere Ende des Kaindlkeeses und die letzten 200 Höhenmeter über den Westgrat mit kleineren Passagen, bei denen die Hände zu Hilfe genommen werden müssen, auf den Gipfel des Wiesbachhorns (3 564 m). Kapruns höchster Punkt ist nicht der Gipfel, sondern liegt 15 Meter davor (in Anstiegsrichtung) und 4 Meter niedriger auf 3 560 Meter. Der Abstieg folgt der Anstiegsroute. Letzten Bus hinunter nach Kaprun nicht verpassen, sonst wird der Abstieg weit und lang!

Piesendorf Bambachkopf 2 517m 110

| Ranking | 34 Salzburg (119) | 16 Pinzgau (28) |

Koordinaten WGS 84: 12,681092 W, 47,229912 N;
BMN M31: 400660,8; 232536,5

Karten BEV: UTM ÖK50 3221 Zell am See;
Kompass: 50 Nationalpark Hohe Tauern;
Alpenverein: 34/2 Kitzbüheler Alpen Ost

Summits in der Nähe
- **111** Niedernsill – Großer Schmiedinger
- **109** Kaprun – Großes Wiesbachhorn
- **108** Fusch a. d. G. – Großes Wiesbachhorn
- **101** Viehhofen – Oberer Gernkogel

T3, L • 1 710 Höhenmeter • 18 km • 7–9 Stunden
Ausgangspunkt von Walchen nach Süden über die Salzach nach Hummersdorf, geradeaus bergauf nach Unternberg (805 m), Parkmöglichkeiten an der Straße nach Mooslehen

Von Mooslehen auf dem Wanderweg 14B zur bewirtschafteten Unterbergalm (4 km, 1 562 m). Weiter taleinwärts zur Abzweigung bei der Erlach-Mitteralm, von dort zur verfallenen Steinkaralm und Richtung Hohe Arche. Bei der Steinkaralm (2 000 m) nun den markierten Anstieg zur Hohen Arche verlassen und weglos entlang von Viehgangln und über Almgelände auf den leicht nach Ost geneigten, flachen Boden zwischen Enzinger Weg und dem Kamm von Bambachkopf, Tristkogel und Rettinger. Nun weiter weglos in einem Rechtsbogen, das Gelände ausnutzend zur Pyramide des Bambachkopfes und – am leichtesten über die Südostflanke – auf den unmarkierten Gipfel. Abstieg wie Anstieg oder entlang des Enzinger Weges über die Schoppach Höhe bis zum Maiskogel und von dort zur Unterbergalm. Dann wie Anstieg.

Variante Skitour
L • 550 hm • 2 Stunden • beste Zeit: Hochwinter

Mit dem Gletscherjet 1 oder der Panoramabahn zum Langwiedboden, Häuslalm (1 975 m) auffahren. Von dort nach Nordwesten über zwei, drei Geländestufen dem meist gespurten Anstieg Richtung Tristkogel folgen. Vor dem Gipfelanstieg zum Tristkogel nach rechts, flach unterhalb des Kamms zwischen Tristkogel und Bambachkopf entlang und – besser ohne Ski – über die Südostflanke auf den Gipfel des Bambachkopfes. Die Abfahrt führt entweder im Bereich der Anstiegsspur ins Skigebiet oder Richtung Norden ins Dietersbachtal. Im oberen Bereich noch schöne, nordseitige Hänge, weiter unten Richtung Unterbergalm Grünerlensträucher. Über den (kleinen) Gegenanstieg zur Saulochalm ins Skigebiet Maiskogel. Mit dem Lift (ab Dezember 2019) zurück zum Langwiedboden und mit dem Gletscherjet 1 oder der Panoramabahn wieder zu Tal.

111 Niedernsill Großer Schmiedinger 2 944 m

Ranking 13 Salzburg (119) 10 Pinzgau (28)
Koordinaten WGS 84: 12,670394 W, 47,197803 N;
BMN M31: 399820,6; 228973,5
Karten BEV: UTM ÖK50 3220 Mittersill,
3221 Zell am See und 3227 Großglockner;
Kompass: 50 Nationalpark Hohe Tauern;
Alpenverein: 34/2 Kitzbüheler Alpen Ost

Summits in der Nähe

110 Piesendorf – Bambachkopf
109 Kaprun – Großes Wiesbachhorn
108 Fusch a. d. G. – Großes Wiesbachhorn
112 Uttendorf – Johannisberg

T3 • 2 170 Höhenmeter (760 mit dem Rad, 1 410 zu Fuß) • 27 km (16 mit dem Rad, 11 zu Fuß) • tagesfüllende kombinierte Bike-and-Hike-Tour
Ausgangspunkt Bahnhof bzw. Ortszentrum von Niedernsill (770 m)

Von der Kirche die Dorfstraße und Schattbergstraße entlang Richtung Süden ins Mühlbachtal und auf der ausgeschilderten Mountainbikestrecke 9C auf gut zu fahrender Forststraße 8 Kilometer und 760 Höhenmeter bis zur Schaunbergalm (1 532 m). Nach einer verdienten Pause zu Fuß weiter direkt nach Süden zur Hackl Hochalm. Über eine Geländestufe zum Hacklsee auf 2 196 Meter und an der danach folgenden Weggabelung nach links (Osten) Richtung Schmiedinger Scharte. Zuerst noch leicht fallend, steigt der Weg nach dem Schmiedingerkar an und wird in die Scharte hinauf noch einmal richtig steil. In der Scharte (2 739 m) nach rechts auf dem Nordrücken des Großen Schmiedingers weglos bis zum höchsten Punkt. Der höchste Punkt von Niedernsill ist nicht der Gipfel des Großen Schmiedingers (2 957 m) und auch nicht markiert, sondern liegt auf dem Nordwestgrat kurz vor dem Gipfel. GPS-Ortung notwendig. Der Gipfel (markiert mit einer schmucklosen Eisenstange) liegt 92 Meter weiter südöstlich und ist 13 Meter höher.

Variante Skitour
L • 170 hm • 1 Stunde • beste Zeit: gesamter Winter
Mit den Seilbahnen ins Skigebiet Kitzsteinhorn bis zur Bergstation des Maurerschleppliftes. Von dort nach rechts

den meist unzähligen Spuren in das ungesicherte Skigelände folgen. Allfällige Sperren oder Warnungen wegen Lawinengefahr unbedingt beachten! Unterhalb der Lawinenzäune vorbei auf den Nordrücken des Großen Schmiedingers auf etwa 2780 Meter. Nun mit den Fellen den Rücken entlang bis an dessen Ende zum oben beschriebenen höchsten Punkt von Niedernsill. Abfahrt entlang der Aufstiegsspur zurück ins gesicherte Skigebiet, auf der Skipiste zur Häuslalm und mit dem Lift ins Tal.

Uttendorf Johannisberg 3 452 m 112

Ranking	5 Salzburg (119)		5 Pinzgau (28)
Koordinaten	WGS 84: 12,672941 W, 47,109310 N; BMN M31: 399929,8; 219133,9		
Karten	BEV: UTM ÖK50 3226 Matrei in Osttirol und 3227 Großglockner; Kompass: 50 Nationalpark Hohe Tauern; Alpenverein: 39 Granatspitzgruppe und 40 Glocknergruppe		

Summits in der Nähe

- 109 Kaprun – Großes Wiesbachhorn
- 108 Fusch a. d. G. – Großes Wiesbachhorn
- 111 Niedernsill – Großer Schmiedinger
- 110 Piesendorf – Bambachkopf

WS+, I+ • hochalpine Bergtour in fantastischer Kulisse • ca. 1 300 Höhenmeter • 14 km • 7–9 Stunden

Ausrüstung Hochtouren- inkl. Gletscherausrüstung
Ausgangspunkt Talstation der Weißseeseilbahn am Enzinger Boden im hintersten Stubachtal (1 480 m); mit der Weißseeseilbahn direkt bis zum Berghotel Rudolfshütte auf 2 311 Metern. Anreise am Vortag, Reservierung für die Nächtigung obligatorisch und frühes Frühstück separat erfragen.

Von der Rudolfshütte zunächst leicht fallend über die Ostsperre des Weißseestausees, danach links und in südsüdöstlicher Richtung auf dem Zentralalpenweg 702 in den Ödenwinkel. Bei der Weggabelung nach einer Dreiviertelstunde rechts bergauf halten und auf dem Rücken der 1850er-Seitenmoräne an den Gletscher, bei rund 2 400 Meter auf diesen und Querung des Ödenwinkelkeeses. Vorsicht bei allfälligen Spalten (1½–2 Stunden). Am Ende der Querung teilweise weglos und steil bergauf zuerst über die Seitenmoräne zu einem riesigen Steinmandl. Weiter über Blockwerk und je nach Jahreszeit teilweise über Firnfeldern auf dem ausreichend markierten alpinen Steig in die Obere Ödenwinkelscharte (3 228 m, ca. 4 Stunden). Zum Gipfel des Johannisbergs geht es in der Scharte nach rechts. Mit etwas Höhenverlust und dann je nach Verhältnissen mehr oder weniger auf der Gratschneide bleibend, jedenfalls oberhalb der Randklüfte, nun im Wechsel von Firn und Fels (I+) zunehmend steiler in etwa einer weiteren Stunde auf die ausladende Gipfelkuppe. Beeindruckende Ausblicke auf den Großglockner, zahlreiche weitere 3 000er-Gipfel sowie den Oberen Pasterzenboden, das Nährgebiet des – noch – längsten Gletschers Österreichs. In weiteren zwei Stunden wäre über die Untere Ödenwinklscharte das Eiskögele (3 426 m) zu erreichen, der einzige Punkt, an dem die drei Länder des Nationalparks Hohe Tauern (Kärnten, Salzburg, Tirol) aneinanderstoßen. Abstieg wie Anstieg. Auf die Abfahrtszeit der letzten Gondel von der Rudolfshütte achten!

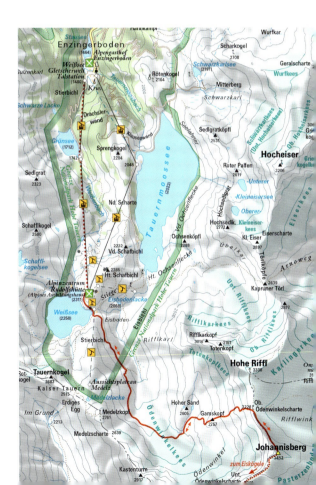

113 Stuhlfelden Geißstein   2 363 m

Ranking   48 Salzburg (119)   20 Pinzgau (28)
Koordinaten WGS 84: 12,495210 W, 47,337409 N;
BMN M31: 386713,0; 244622,6
Karten BEV: UTM ÖK50 3220 Mittersill;
Kompass: 29 Kitzbühler Alpen;
Alpenverein: 34/2 Kitzbüheler Alpen Ost

Summits in der Nähe
- 100 Saalbach-Hinterglemm – Geißstein
- 101 Viehhofen – Oberer Gernkogel
- 110 Piesendorf – Bambachkopf
- 115 Hollersbach – Blessachkopf

T2 • kombinierte Mountainbike- und Bergrundtour • 1 585 Höhenmeter (915 mit dem Rad, 670 zu Fuß) • 26 km (20 mit dem Rad, 6 zu Fuß) • 6–7 Stunden
Ausgangspunkt Bahnhof Stuhlfelden (781 m)

Vom Bahnhof Stuhlfelden nach Norden über die Landesstraße in den Ort Stuhlfelden, am Schloss Lichtenau vorbei und den Wegweisern Richtung Bürglhütte (Mountainbikeroute 7A) folgen. Bei Kilometer 4,3 kurz

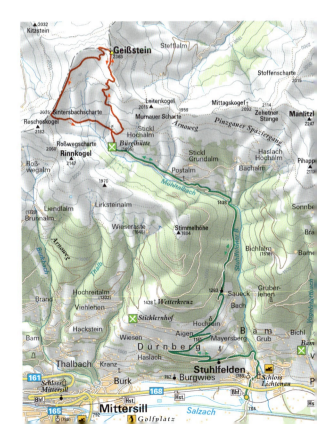

nach der Jausenstation Aigen endet der asphaltierte Teil der Radstrecke. Weiter geradeaus in die nun geschotterte Forststraße. Auf dieser in angenehmer Steigung und fast bis zum Schluss im Wald, gegen Ende durch Almgebiet bis zur Bürglhütte (1697 m; bis hierher auch mit dem Auto möglich). Nach einer bereits verdienten Stärkung geht es zu Fuß hinter der Hütte weiter auf dem markierten Wanderweg, den österreichischen Fernwanderweg 02A kreuzend, direkt nach Norden in rund 1½ Stunden auf den höchsten Punkt von Stuhlfelden. Stuhlfelden teilt sich diesen Doppelsummit mit Saalbach-Hinterglemm, die Gemeindegrenzen verlaufen allerdings derart, dass die Tiroler Nachbargemeinde Jochberg den höchsten Punkt des Geißsteins für sich beanspruchen kann. Der höchste Punkt von Stuhlfelden ist – laut den aktuellen Laserscandaten – um einen guten halben Meter niedriger. Auf- beziehungsweise abgerundet auf ganze Meter ergeben sich für die beiden Salzburger Gemeinden jedoch jeweils 2363 Meter Gipfelhöhe. Der Abstieg folgt dem westlichen Gipfelgrat mit einem kurzen steileren, grasigen Abschnitt. Achtung bei Nässe! Nach dem Steilstück Richtung Süden in die Sintersbachscharte und von dort auf dem westlichen Ausläufer des Pinzgauer Spaziergangs beziehungsweise dem österreichischen Fernwanderweg 02A nach Osten über schönes Almgebiet zurück zur Bürglhütte. Mit dem Rad wieder nach Stuhlfelden.

Mittersill **Tauernkogel** 2 989 m **114**

Ranking	11 Salzburg (119)	9 Pinzgau (28)	
Koordinaten	WGS 84: 12,483461 W, 47,157951 N;		
	BMN M31: 385607,0; 224680,9		
Karten	BEV: UTM ÖK50 3226 Matrei in Osttirol;		
	Kompass: 50 Nationalpark Hohe Tauern;		
	Alpenverein: 34/2 Kitzbüheler Alpen Ost		
	und 39 Granatspitzgruppe		

Summits in der Nähe

- **115** Hollersbach – Blessachkopf
- **116** Bramberg am Wildkogel – Hohe Fürleg
- **117** Neukirchen – Großvenediger

Besonderheit Mittersill als Salzburgs „Hauptstadt" des Hochgebirgsnationalparks Hohe Tauern ist eine von nur drei der dreizehn Nationalparkgemeinden, die keinen Dreitausender als höchsten Punkt haben. Neben Mittersill `114` sind dies noch Wald im Pinzgau `118` und Hüttschlag `66`. Bei allen anderen zehn Nationalparkgemeinden (Krimml `119`, Neukirchen `117`), Bramberg `116`, Hollersbach `115`, Uttendorf `112`, Kaprun `109`, Fusch `108`, Rauris `107`, Bad Gastein `64`, Muhr `91`) liegt der höchste Punkt im Gemeindegebiet höher als 3 000 Meter.

T3 • 1 680 Höhenmeter • 13 km • 7–9 Stunden
Ausgangspunkt Parkplatz am Hintersee im Felbertal südlich von Mittersill (1 310 m)

Vom Parkplatz Richtung Süden in wenigen Metern direkt in die Kernzone des Nationalparks Hohe Tauern, an der Ostseite des Hintersees entlang. Im Bereich des Schwemmfächers des Felber Baches leicht bergan, bis an dessen Ende in einer Linkskurve der von Beginn an sichtbare steile Anstieg über den Trassensteig beginnt. Teilweise mit Stahlseilen versichert, teilweise verwachsen, geht es in einigen Serpentinen nahezu um den Geißstein herum, um im Bereich des Nassfelds in bereits flacherem Gelände auf gut 2 000 Meter Seehöhe auf den alten Samersteig, vom Trudental kommend, zu treffen. An einigen Seen, stets begleitet von den Masten und Leitungen der 380-kV-Leitung, geht

es unschwierig bis zum Tauernkreuz und der St.-Pöltner-Hütte auf 2 481 Meter (2½–3 Stunden).

Von der Hütte Richtung Westen und nach knapp der Hälfte des Anstieges, das, wenn es nicht schneebedeckt ist, durchaus herausfordernde Eis-, sonst Schneefeld (ev. Steigeisen mitnehmen) queren. Der restliche Anstieg folgt dem teils grobblockigen Ostgrat ohne größere Schwierigkeiten auf den Gipfel. Abstieg wie Anstieg.

115 Hollersbach Blessachkopf 3 051 m

Ranking	10 Salzburg (119)	8 Pinzgau (28)
Koordinaten	WGS 84: 12,400716 W, 47,180316 N; BMN M31: 379362,2; 227239,1	
Karten	BEV: UTM ÖK50 3220 Mittersill und 3226 Matrei in Osttirol; Kompass: 50 Nationalpark Hohe Tauern; Alpenverein: 34/2 Kitzbüheler Alpen Ost und 36 Venedigergruppe	

Summits in der Nähe

- 116 Bramberg am Wildkogel – Hohe Fürleg
- 114 Mittersill – Tauernkogel
- 117 Neukirchen – Großvenediger

WS • anspruchsvolle kombinierte Mountainbike- und Skitour mit unberührten Hängen • 2 180 Höhenmeter (280 hm mit dem Rad, 1 900 hm mit den Skiern) • 21 Kilometer (13 km mit dem Rad, 8 km mit den Skiern) • 1 Stunde mit dem Rad, 4½–6 Stunden Aufstieg mit den Skiern • beste Zeit: März bis Mai

Ausgangspunkt Parkplatz beim Stausee am Beginn des Hollersbachtales (870 m), ab Anfang Mai ist die Zufahrt zur Ottacher Grundalm mit dem Tälertaxi möglich und die Anreise verkürzt sich dementsprechend

Mit dem Rad auf der Schotterstraße taleinwärts bis 500 Meter nach der Senninger Alm. Kurz vor der Ottacher

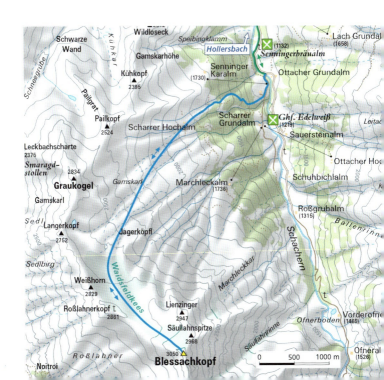

Grundalm rechts über die Brücke und danach links. Ende der Radstrecke. Kurz vor der Scharrer Grundalm und nördlich des Wasserfalls zuerst über den Almboden, dann steil durch den Waldgürtel, später durch Grünerlensträucher bergauf. Entlang des Sommersteigs in Richtung der Scharrer Hochalm, dann in wechselndem Gelände mit fallweise steileren Abschnitten durch das Gamskar und in ausladendem Linksbogen um das Jagerköpfl auf das Waidsfeldkees. Über den Gletscher in dem langgezogenen Kessel Richtung Südosten, das Ziel stets vor Augen. Der Gipfelanstieg zum Blessachkopf ist auf den letzten 100 Metern etwas steiler. Abfahrt entlang der Aufstiegsspur.

Bramberg am Wildkogel Hohe Fürleg 3 240 m 116

Ranking	⛰ 7 Salzburg (119)	⛰ 7 Pinzgau (28)	

Koordinaten WGS 84: 12,363177 W, 47,141558 N;
BMN M31: 376463,0; 222965,0

Karten BEV: UTM ÖK50 3219 Neukirchen/Großvenediger, 3220 Mittersill und 3226 Matrei in Osttirol; Kompass: 50 Nationalpark Hohe Tauern; Alpenverein: 34/2 Kitzbüheler Alpen Ost und 36 Venedigergruppe

Summits in der Nähe
- 117 Neukirchen – Großvenediger
- 115 Hollersbach – Blessachkopf
- 114 Mittersill – Tauernkogel

Pinzgau

**WS • zweitägige Hochgebirgs- und Gletschertour mit Nächtigung auf Thüringer Hütte (2 212 m)
• 1 860 Höhenmeter • 22 km • 10–13 Stunden**
Etappen Gasthof Alpenrose → Noitroi → Thüringer Hütte: 830 hm, 5 km, 2–3 Stunden • Thüringer Hütte → Hohe Fürleg: 1 030 hm, ca. 6 km, 4–5 Stunden • Hohe Fürleg → Gasthof Alpenrose: 1 860 hm Abstieg, ca. 11 km, 4–5 Stunden
Mountainbike Für Radfahrer verlängert sich die Tour ab der Haltestelle Habachtal–Weyerhof der Pinzgaubahn um 580 Höhenmeter und 8,5 Kilometer (eine Strecke) bis zur Moaralm um eine gute Stunde. Die Anreise per Rad macht diese 1½-Tagestour dann zu einer vollen Zweitagestour
Ausrüstung Gletscherausrüstung
Ausgangspunkt Parkplatz Habachtal (867 m), dazu beim Weyerhof Richtung Süden in das Habachtal abzweigen und etwa 2 Kilometer bis zum Parkplatz; von dort mit dem Tälerbus (Abfahrtszeiten beachten, Reservierung notwendig) bis zum Gasthof Alpenrose (1 384 m)

Vom Gasthof Alpenrose zu Fuß taleinwärts und nach 600 Metern an der Moaralm vorbei. Hier endet der Fahrweg. Weiter flach entlang des Habachs bis zur Abzweigung nach links auf etwa 1 680 Meter Seehöhe Richtung Thüringer Hütte durch den teilweise stahlseilversicherten, aber gut begehbaren Anstieg der Noitroi. Ein alternativer Anstieg führt bis in den Talschluss, steigt dort zur Alten Thüringer Hütte an und quert oberhalb der Steilstufe zurück zur Neuen Thüringer Hütte (eine Stunde länger). Für den zweiten Tag bietet es sich an, falls man nicht mehr auf die Thüringer Hütte zurückkehren möchte, im

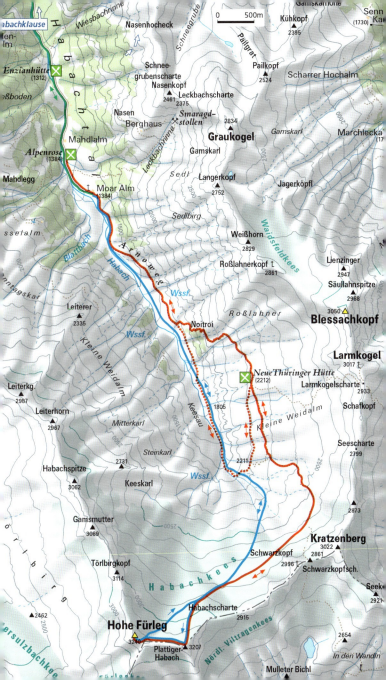

Bereich der Alten Hütte ein Depot mit den Sachen anzulegen, die für den Gipfelanstieg nicht gebraucht werden. Die Gipfeltour führt von der Hütte südwärts leicht ansteigend entlang der rot-weißen Markierung bis zur Alten Thüringer Hütte (2 340 m). Von dieser geht es südostwärts über eine deutlich ausgeprägte Seitenmoräne. An ihrem Ende über das Geröllfeld direkt auf den Gletscher. Auf diesem nun Richtung Westen, nordseitig des Schwarzkopfes vorbei bis zum Plattigen Habach (3 207 m) ansteigen. Über den Habach-Gipfel und entlang des Ostgrats der Hohen Fürleg in leichtem Gelände bis zum Gipfel (3 240 m).

Abstieg bis zur Alten Thüringer Hütte wie Anstieg. Von dort nun die Geländestufe hinunter ins Habachtal und auf dem Wanderweg zurück zum Gasthof Alpenrose für den Bustransport oder zum Mountainbike bei der Moaralm.

Variante Skitour (1 860 hm, 4–5 Stunden, WS)

Ab etwa Mitte Mai, je nachdem wann die Lawinen am Beginn des Habachtales heruntergekommen sind, mit dem Tälertaxi Innerhofer bis zum Gasthof Alpenrose (1 384 m). Von dort mit den Skiern auf dem Talboden, und an dessen Ende tendenziell leicht links haltend (südsüdost) und steil auf den Trogschluss. Von diesem nun südwestwärts auf das Habachkees und in gleichmäßiger Neigung auf den Plattigen Habach (3 207 m). Von diesem in kurzer Abfahrt und mit Gegenanstieg auf den Summit von Bramberg, die Hohe Fürleg (3 240 m). Abfahrt – Vorsicht auf die Gletscherspalten – unterhalb des Plattigen Habach vorbei und dann im Bereich der Aufstiegsspur.

Neukirchen Großvenediger 3 657 m 117

Ranking 1 Salzburg (119)   1 Pinzgau (28)

Koordinaten WGS 84: 12,345438 W, 47,109357 N;
BMN M31: 375072,3; 219402,0

Karten BEV: UTM ÖK50 3219 Neukirchen/Großvenediger
3225 St. Peter/Ahrn und 3226 Matrei/Osttirol;
Kompass: 50 Nationalpark Hohe Tauern;
Alpenverein: 34/1 Kitzbüheler Alpen West
und 36 Venedigergruppe

Summits in der Nähe
- 116 Bramberg am Wildkogel – Hohe Fürleg
- 115 Hollersbach – Blessachkopf
- 119 Krimml – Dreiherrnspitze

Besonderheit Der Gipfel des Großvenedigers liegt nicht *auf* der Landesgrenze zu Osttirol, sondern maximal *an* der Landesgrenze und ausschließlich auf Salzburger Gebiet. Die Landesgrenze, basierend auf der Katastergrenze, verläuft entlang des Grates etwa 16 Meter südöstlich und der höchste Punkt Osttirols im Bereich des Großvenedigers ist circa 3 Meter niedriger.

Vom niedrigsten Summit des Bundeslandes (Maria Bühel, Oberndorf **16**, 445 m) bis zum höchsten Punkt des Bundeslandes mit 3 657 Meter sind 3 212 Höhenmeter Unterschied. Das Bezirksdelta zwischen dem niedrigsten Pinzgauer Summit in Maishofen **102** mit 1 913 Meter zum höchsten sind 1 744 Höhenmeter.

WS • zweitägige Hochgebirgsskitour auf den höchsten Salzburger Gipfel mit einer Nächtigung auf der Kürsinger Hütte • ca. 1 850 Höhenmeter (620 und 1 230 hm inkl. kurzer Abfahrt und Gegenanstieg) • 12 km (4,5 und 7,5 km Aufstieg) • 7 Stunden (3 und 4 Stunden) • beste Zeit: März bis Mai. Je später, desto weiter kann mit dem Taxi zugefahren werden • ein allfälliger Rucksacktransport mit der Materialseilbahn der Kürsinger Hütte gegen Gebühr ist möglich, vorher ankündigen • Skitouren- und Gletscherausrüstung
Ausgangspunkt Parkplatz Hopffeldboden (1 075 m); mit dem Tälertaxi (vorab reservieren) im Idealfall bis zur Materialseilbahntalstation der Kürsinger Hütte (1 929 m), sonst – je nach Schneelage – bis zur Postalm (1 699 m)

Von der Materialseilbahnstation zuerst flach im Bereich des Sommerweges Richtung Süden. Einfach über den Aufschwung zum Sulzsee und meist direkt über diesen. Danach in großem Linksbogen von Südosten zur Kürsinger Hütte.

Am zweiten Tag nach frühem Start auf dem Sommerweg lang und mäßig steil die Hänge unterhalb der Bachmayrspitze und des Schwarzen Hörndls – meist mit Harscheisen – in östlicher Richtung queren und nach kurzer Abfahrt auf das Obersulzbachkees. Nach dem Anseilen in südöstlicher Richtung – Achtung Spalten – gegen Schluss steiler über die meist gut verschneite Randkluft in die Venedigerscharte (3 387 m). In einem letzten steilen Aufschwung nun Richtung Westen auf den Gipfelrücken und zumeist ohne Ski über den Grat zum höchsten Punkt Salzburgs.

Abfahrt entlang der Aufstiegsspur. Achtung: Spaltengefahr! Wenn die nicht notwendige Ausrüstung bereits mit der Gondel zur Talstation gebracht worden ist, kann direkt bis zum Gletscherende und zum Sulzsee zur Talstation abgefahren werden.

118 Wald im Pinzgau Ochsenkopf 2 471 m

Ranking	38 Salzburg (119)	19 Pinzgau (28)	
Koordinaten	WGS 84: 12,078594 W, 47,275117 N; BMN M31: 355115,4; 238121,2		
Karten	BEV: UTM ÖK50 3219 Neukirchen a. Großvenediger; Kompass: 50 Nationalpark Hohe Tauern; Alpenverein: 34/1 Kitzbüheler Alpen West		

Summits in der Nähe

- 116 Bramberg am Wildkogel – Hohe Fürleg
- 119 Krimml – Dreiherrnspitze
- 115 Hollersbach – Blessachkopf

Besonderheit westlichster Summit von Salzburg; in den – auch amtlichen – Karten sind sowohl der Ochsenkopf als auch der Westliche Salzachgeier mit jeweils 2 469 Meter vermerkt und wegen des größeren Bekanntheitsgrades dürfte wohl der Westliche Salzachgeier landläufig als der höchste Gipfel in der Gemeinde Wald gegolten haben. Aus den Grenzpunkten des Landesvermessungskatasters ergibt sich jedoch eine kleine Differenz von 37 Zentimetern zugunsten des Ochsenkopfes. Aus den Laserscandaten ergibt sich sogar ein Unterschied von knapp über einem Meter, die der Ochsenkopf höher ist.

 T1 • 1 200 Höhenmeter mit Gegenanstiegen •
14 km • 5–6 Stunden
Ausgangspunkt Wald im Pinzgau, Almdorf Königsleiten, Talstation der Königsleiten Dorfbahn (1 583 m)

Vom Parkplatz bei der Dorfbahn am östlichen Ortsende von Königsleiten das Skigebiet vermeidend auf dem markierten Fahrweg 66 Richtung Brucheckalm. An dieser links vorbei bis zu einer Serpentine unterhalb des Brucheckalm-Mittellegers. Hier rechts ab auf den Wanderweg 62 Richtung Brucheck (2 144 m). Über Wiesenhänge auf den Gipfel und nun über den breiten Rücken via Müllachgeier (2 254 m) zur Königsleitenspitze auf 2 315 Meter. Nun zuerst 70 Höhenmeter bergab in die Sattelscharte, um dann wieder 180 Meter auf die markante Pyramide des Falschriedels aufzusteigen. Nach Norden, über den westlichsten Punkt des Bundeslandes Salzburg auf 12,076169 W und 47,269586 N und nach circa 650 Metern nordnordöstlich auf den Ochsenkopf, den höchsten Punkt im Gemeindegebiet von Wald im Pinzgau. Der Abstieg folgt bis zur Königsleitenspitze, in deren Gipfelbereich gleich vier Lifte zusammentreffen, dem Anstiegsweg. Von dort führt der kürzeste Abstieg über die Panoramaalm mitten durchs Skigebiet bis nach Königsleiten hinunter.

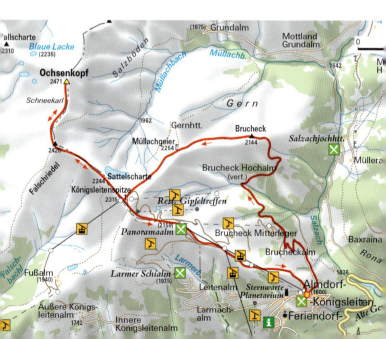

Krimml Dreiherrnspitze 3 499 m **119**

Ranking	🚩 4 Salzburg (119)	🚩 4 Pinzgau (28)	
Koordinaten	WGS 84: 12,240749 W, 47,069173;		
	BMN M31: 367063,6; 215040,7		
Karten	BEV: UTM ÖK50 3219 Neukirchen/Großvenediger;		
	und 3225 St. Peter in Ahrn;		
	Kompass: 50 Nationalpark Hohe Tauern;		
	Alpenverein: 35/3 Zillertaler Alpen Ost		
	und 36 Venedigergruppe		

Summits in der Nähe

117 Neukirchen – Großvenediger
116 Bramberg am Wildkogel – Hohe Fürleg
115 Hollersbach – Blessachkopf

WS, kurze Stelle II, Fixseil vorhanden • zweitägige Hochgebirgs- und Gletschertour mit Nächtigung auf der Birnlückenhütte (2 441 m) • 2 160 hm • 15 km • 12–13 Stunden • beste Zeit: Juli bis September • Hochtouren- und Gletscherausrüstung

Etappen Innerkeesalm → Birnlücke → Birnlückenhütte (860 hm bergauf und 230 hm bergab, 4,5 km, 3 Stunden) • Birnlückenhütte → Dreiherrnspitze → Birnlückenhütte → Innerkeesalm (1 300 hm bergauf und 1 930 hm bergab, circa 10,5 km und 9–10 Stunden für den Gipfeltag).

Mountainbike Für Radfahrer verlängert sich die oben beschriebene Tour ab dem Trattenköpflparkplatz (1 172 m, Parkgebühr), circa 1,3 km nach der Wasserwunderwelt Krimml, um 640 Höhenmeter und 18 Kilometer (eine Richtung) bis zur Innerkeesalm um gute 2 Stunden und macht die beschriebene 1 ½-Tagestour zu einer vollen Zweitagestour.

Ausgangspunkt mit dem Tälertaxi (Reservierung empfohlen) bis zur Innerkeesalm (1 810 m), Talschluss Krimmler Achental

Von der Innerkeesalm erst gemächlich, im weiteren Verlauf jedoch steil und in zahlreichen Serpentinen bis zur Birnlücke, einem der zwei Tauernübergänge, der Salzburg auf einer Länge von rund 9 Kilometern direkt mit Italien verbindet. Von der Scharte in einer knappen halben Stunde hinunter zur Birnlückenhütte (Reservierung notwendig).

Am nächsten Tag von der Hütte Richtung Südosten nördlich der Lahnerschneid auf das Prettaukees (Gletscherausrüstung) und über grobes Blockwerk in die markante Scharte in der Lahnerschneid. Nun auf dem Äußeren Lahnerkees zu einem Felsband, in das ein

Fixseil eingehängt ist. An dessen oberem Ende nach rechts weg und auf dem steiler werdenden Lahnerkees in einem langen Linksbogen, zuletzt über den breiten Südwestgrat auf den Gipfel der Dreiherrnspitze. Herrliche hochalpine Bergtour mit traumhaften Ausblicken! Abstieg wie Anstieg über die Birnlückenhütte, dann wieder bergauf zur Birnlücke und hinunter zur Innerkeesalm.

Andere Übernachtungsmöglichkeiten (Krimmler Tauernhaus, 1 622 m oder Warnsdorfer Hütte, 2 324 m) verlängern den Zustieg oder die Anreise am Gipfeltag entsprechend.

> Gewandert am:

Ranking der 119 Summits

#	Höhe	Gipfel (Ort)	Nr.
1	3657 m	**Großvenediger** (Neukirchen)	117
2	3564 m	**Wiesbachhorn** (Fusch)	108
3	3560 m	**Wiesbachhorn** (Kaprun)	109
4	3499 m	**Dreiherrnspitze** (Krimml)	119
5	3452 m	**Johannisberg** (Uttendorf)	112
6	3254 m	**Hocharn** (Rauris)	107
7	3240 m	**Hohe Fürleg** (Bramberg)	116
8	3231 m	**Ankogel NW-Wand** (Bad Gastein)	64
9	3076 m	**Großer Hafner** (Muhr)	91
10	3051 m	**Blessachkopf** (Hollersbach)	115
11	2988 m	**Tauernkogel** (Mittersill)	114
12	2948 m	**Torstein** (Filzmoos)	72
13	2944 m	**Gr. Schmiedinger** (Niedersill)	111
14	2941 m	**Hochkönig** (Werfen)	52
14	2941 m	**Hochkönig** (Mühlbach)	53
16	2884 m	**Keeskogel** (Hüttschlag)	66
17	2868 m	**w. des Hohen Kopfes** (Maria Alm)	98
17	2868 m	**w. des Hohen Kopfes** (Dienten)	99
19	2862 m	**Hochgolling** (Göriach)	81
19	2862 m	**Hochgolling** (Lessach)	82
21	2740 m	**Preber** (Tamsweg)	84
22	2711 m	**Weißeck** (Zederhaus)	77
23	2690 m	**Hochfeind Ostgipfel** (Tweng)	78
24	2680 m	**Mosermandl** (Flachau)	69
25	2654 m	**Faulkogel** (Kleinarl)	67
26	2638 m	**Hocheck** (Mariapfarr)	80
27	2634 m	**Birnhorn** (Weißbach bei Lofer)	95
28	2633 m	**Birnhorn, sw. des Gipfels** (Leogang)	96
29	2627 m	**Blutspitze** (Weißpriach)	79

				Gewandert am:
30	2 600 m	**Silberpfennig** (Bad Hofgastein)	63	
31	2 594 m	**Großer Hundstod** (Saalfelden)	97	
32	2 563 m	**Weisseneck** (St. Michael/Lungau)	90	
33	2 522 m	**Hoher Göll** (Kuchl)	50	
34	2 517 m	**Bambachkopf** (Piesendorf)	110	
35	2 511 m	**Gr. Ochsenhorn** (St. Martin b. Lofer)	94	
36	2 506 m	**Mitterhorn** (Lofer)	93	
37	2 501 m	**Großer Pleißlingkeil** (Untertauern)	75	
38	2 471 m	**Ochsenkopf** (Wald)	118	
39	2 467 m	**Gamskarkogel** (Großarl)	65	
40	2 458 m	**Bischofsmütze** (Annaberg-Lungötz)	40	
41	2 430 m	**Raucheck** (Pfarrwerfen)	54	
42	2 411 m	**Bleikogel** (Abtenau)	41	
42	2 411 m	**Bleikogel** (Werfenweng)	55	
42	2 411 m	**Speiereck** (Mauterndorf)	89	
45	2 408 m	**Kilnprein** (Ramingstein)	85	
46	2 392 m	**nahe Grenzstein 133** (Golling)	51	
47	2 386 m	**Bleikogelrücken** (St. Martin/Tg.)	71	
48	2 363 m	**Geißstein** (Saalbach)	100	
48	2 363 m	**Geißstein** (Stuhlfelden)	113	
50	2 344 m	**Steinfeldspitze** (Altenmarkt)	74	
51	2 335 m	**Königstuhl** (Thomatal)	86	
52	2 325 m	**Bernkogel** (Dorfgastein)	62	
52	2 325 m	**Bernkogel** (Lend)	106	
54	2 315 m	**Südlicher Wieselstein** (Scheffau)	42	
55	2 284 m	**Großes Häuslhorn** (Unken)	92	
56	2 275 m	**Höllwandschulter** (St. Veit)	59	
57	2 266 m	**Schafelkopf** (Bruck)	104	
58	2 260 m	**Achenkopf** (Taxenbach)	105	
59	2 254 m	**Rosskogel** (Forstau)	76	

			Gewandert am:
60	2 210 m	**Aineck** (St. Margarethen) 87	
61	2 175 m	**Oberer Gernkogel** (Viehhofen) 101	
62	2 037 m	**Gabel** (Wagrain) 68	
63	2 027 m	**Gamsfeld** (Rußbach) 39	
64	2 012 m	**Schwalbenwand** (Zell am See) 103	
65	1 954 m	**n. des Gamsfeldgipfels** (Strobl) 38	
66	1 913 m	**Sausteigen, n. v. Gipfel** (Maishofen) 102	
67	1 853 m	**Salzburger Hochthron** (Grödig) 5	
68	1 849 m	**Sonntagskogel** (St. Johann) 58	
69	1 840 m	**Mitterberg** (Großgmain) 6	
70	1 831 m	**Vorderes Labeneck** (Radstadt) 73	
71	1 827 m	**Hochgründeck** (Bischofshofen) 56	
71	1 827 m	**Hochgründeck** (Hüttau) 57	
73	1 817 m	**Hochegg** (Goldegg) 61	
74	1 782 m	**Schafberg** (St. Gilgen) 37	
75	1 779 m	**Hochkopf** (Unternberg) 88	
76	1 757 m	**Trattberg, ö. des Gipfels** (St. Koloman) 43	
77	1 728 m	**Gerzkopf** (Eben) 70	
78	1 726 m	**Gennerhorn, n. des Gipfels** (Hintersee) 36	
79	1 695 m	**Schmittenstein** (Krispl) 44	
80	1 649 m	**Schlenken** (Bad Vigaun) 45	
81	1 567 m	**Wieserhörndl** (Faistenau) 35	
82	1 507 m	**Graskuppe nahe Jägernase** (Adnet) 46	
83	1 458 m	**nördl. Schoberhütte** (St. Andrä) 83	
84	1 397 m	**Grenzstein 123, Rossfeld** (Hallein) 49	
85	1 334 m	**Schwarzenberg** (Elsbethen) 3	
85	1 334 m	**Schwarzenberg** (Ebenau) 34	
87	1 328 m	**Schober** (Thalgau) 31	
87	1 328 m	**Schober** (Fuschl) 32	
89	1 287 m	**Gaisberg** (Salzburg) 1	

Gewandert am:

89	1287 m	**Gaisberg** (Koppl) **2**	_____
91	1281 m	**Filblingrücken** (Hof) **33**	_____
92	1273 m	**Schwarzenberg, s. des Gipfels** (Puch) **47**	_____
93	1034 m	**Große Plaike** (Henndorf) **27**	_____
94	1027 m	**Lehmberg** (Neumarkt) **26**	_____
95	901 m	**Heuberg** (Hallwang) **28**	_____
96	861 m	**Gottsreith** (Eugendorf) **29**	_____
97	857 m	**Urlsberg** (Schwarzach) **60**	_____
98	844 m	**Irrsberg** (Straßwalchen) **25**	_____
99	835 m	**Haunsberg** (Anthering) **14**	_____
99	835 m	**Haunsberg** (Nußdorf) **15**	_____
101	801 m	**Buchberg** (Mattsee) **22**	_____
102	800 m	**Haunsbergrücken, Wurzelthron** (Obertrum) **13**	_____
103	786 m	**Tannberg** (Schleedorf) **23**	_____
104	775 m	**Wasserreservoir Forsthuber B.** (Plainfeld) **30**	_____
105	745 m	**ö. Tannbergrücken** (Köstendorf) **24**	_____
106	726 m	**Oberalmberg** (Oberalm) **48**	_____
107	687 m	**Linde am Thurn** (Berndorf) **12**	_____
108	683 m	**bei Lina** (Seeham) **11**	_____
109	676 m	**Hochgitzen** (Bergheim) **8**	_____
110	617 m	**Wiese Obermödlham** (Seekirchen) **10**	_____
111	596 m	**Krüzersberg** (Wals-Siezenheim) **7**	_____
112	586 m	**Ursprung** (Elixhausen) **9**	_____
113	569 m	**Lielonberg** (Dorfbeuern) **19**	_____
114	540 m	**Goiser Hügel** (Anif) **4**	_____
115	503 m	**Wasserturm Oberholz** (Lamprechtshausen) **20**	_____
116	501 m	**Wachtberg** (Göming) **21**	_____
117	470 m	**Wasserturm Krögn** (St. Georgen) **18**	_____
118	451 m	**Wasserturm Laubschachen** (Bürmoos) **17**	_____
119	445 m	**Wasserreservoir Maria Bühel** (Oberndorf) **16**	_____

Gemeinden

Abtenau Bleikogel (2 411 m) `41`
Adnet Graskuppe nahe Jägernase (1 507 m) `46`
Altenmarkt Steinfeldspitze (2 344 m) `74`
Anif Goiser Hügel (540 m) `4`
Annaberg-Lungötz Bischofsmütze (2 458 m) `40`
Anthering Haunsberg (835 m) `14`
Bad Gastein Ankogel NW-Wand (3 231 m) `64`
Bad Hofgastein Silberpfennig (2 600 m) `63`
Bad Vigaun Schlenken (1 649 m) `45`
Bergheim Hochgitzen (676 m) `8`
Berndorf Linde am Thurn (687 m) `12`
Bischofshofen Hochgründeck (1 827 m) `56`
Bramberg Hohe Fürleg (3 240 m) `116`
Bruck Schafelkopf (2 266 m) `104`
Bürmoos Wasserturm in Laubschachen (451 m) `17`
Dienten westlich des Hohen Kopfes (2 868 m) `99`
Dorfbeuern Lielonberg (569 m) `19`
Dorfgastein Bernkogel (2 325 m) `62`
Eben Gerzkopf (1 728 m) `70`
Ebenau Schwarzenberg (1 334 m) `34`
Elixhausen Ursprung (586 m) `9`
Elsbethen Schwarzenberg (1 334 m) `3`
Eugendorf Gottsreith (861 m) `29`
Faistenau Wieserhörndl (1 567 m) `35`
Filzmoos Torstein (2 948 m) `72`
Flachau Mosermandl (2 680 m) `69`
Forstau Rosskogel (2 254 m) `76`
Fusch Wiesbachhorn (3 564 m) `108`
Fuschl Schober (1 328 m) `32`

Goldegg Hochegg (1 817 m) `61`
Golling Grenzstein 133 (2 392 m) `51`
Göming Wachtberg (501 m) `21`
Göriach Hochgolling (2 862 m) `81`
Grödig Salzburger Hochthron (1 853 m) `5`
Großarl Gamskarkogel (2 467 m) `65`
Großgmain Mitterberg (1 840 m) `6`
Hallein Grenzstein 123, Rossfeld (1 397 m) `49`
Hallwang Heuberg (901 m) `28`
Henndorf Große Plaike (1 034 m) `27`
Hintersee Gennerhorn, nördlich des Gipfels (1 726 m) `36`
Hof Filblingrücken (1 281 m) `33`
Hollersbach Blessachkopf (3 051 m) `115`
Hüttau Hochgründeck (1 827 m) `57`
Hüttschlag Keeskogel (2 884 m) `66`
Kaprun Wiesbachhorn (3 560 m) `109`
Kleinarl Faulkogel (2 654 m) `67`
Koppl Gaisberg (1 287 m) `2`
Köstendorf östlicher Tannbergrücken (745 m) `24`
Krimml Dreiherrnspitze (3 499 m) `119`
Krispl Schmittenstein (1 695 m) `44`
Kuchl Hoher Göll (2 522 m) `50`
Lamprechtshausen Wasserturm Oberholz (503 m) `20`
Lend Bernkogel (2 325 m) `106`
Leogang Birnhorn, südwestlich des Gipfels (2 633 m) `96`
Lessach Hochgolling (2 862 m) `82`
Lofer Mitterhorn (2 506 m) `93`
Maishofen Sausteigen, nördlich vom Gipfel (1 913 m) `102`
Maria Alm westlich des Hohen Kopfes (2 868 m) `98`
Mariapfarr Hocheck (2 638 m) `80`
Mattsee Buchberg (801 m) `22`

Mauterndorf Speiereck (2 411 m) `89`
Mittersill Tauernkogel (2 988 m) `114`
Mühlbach Hochkönig (2 941 m) `53`
Muhr Großer Hafner (3 076 m) `91`
Neukirchen Großvenediger (3 657 m) `117`
Neumarkt Lehmberg (1 027 m) `26`
Niedernsill Großer Schmiedinger (2 944 m) `111`
Nussdorf Haunsberg (835 m) `15`
Oberalm Oberalmberg (726 m) `48`
Oberndorf Wasserreservoir Maria Bühel (445 m) `16`
Obertrum Haunsbergrücken, Wurzelthron (800 m) `13`
Pfarrwerfen Raucheck (2 430 m) `54`
Piesendorf Bambachkopf (2 517 m) `110`
Plainfeld Wasserreservoir Forsthuber Bühel (775 m) `30`
Puch Schwarzenberg, südlich des Gipfels (1 273 m) `47`
Radstadt Vorderes Labeneck (1 831 m) `73`
Ramingstein Kilnprein (2 408 m) `85`
Rauris Hocharn (3 254 m) `107`
Rußbach Gamsfeld (2 027 m) `39`
Saalbach Geißstein (2 363 m) `100`
Saalfelden Großer Hundstod (2 594 m) `97`
Salzburg Gaisberg (1 287 m) `1`
Scheffau Südlicher Wieselstein (2 315 m) `42`
Schleedorf Tannberg (786 m) `23`
Schwarzach Urlsberg (857 m) `60`
Seeham bei Lina (683 m) `11`
Seekirchen Wiese in Obermödlham (617 m) `10`
St. Andrä nördlich der Schoberhütte (1 458 m) `83`
St. Georgen Wasserturm bei Krögn (470 m) `18`
St. Gilgen Schafberg (1 782 m) `37`
St. Johann Sonntagskogel (1 849 m) `58`

St. Koloman Trattberg, östlich des Gipfels (1757 m) **43**
St. Margarethen Aineck (2210 m) **87**
St. Martin am Tennengebirge Bleikogelrücken (2386 m) **71**
St. Martin bei Lofer Großes Ochsenhorn (2511 m) **94**
St. Michael im Lungau Weisseneck (2563 m) **90**
St. Veit westliche Schulter der Höllwand (2275 m) **59**
Straßwalchen Irrsberg (844 m) **25**
Strobl nördlich des Gamsfeldgipfels (1954 m) **38**
Stuhlfelden Geißstein (2363 m) **113**
Tamsweg Preber (2740 m) **84**
Taxenbach Archenkopf (2260 m) **105**
Thalgau Schober (1328 m) **31**
Thomatal Königstuhl (2335 m) **86**
Tweng Hochfeind Ostgipfel (2690 m) **78**
Unken Großes Häuslhorn (2284 m) **92**
Unternberg Hochkopf (1779 m) **88**
Untertauern Großer Pleißlingkeil (2501 m) **75**
Uttendorf Johannisberg (3452 m) **112**
Viehhofen Oberer Gernkogel (2175 m) **101**
Wagrain Gabel (2037 m) **68**
Wald Ochsenkopf (2471 m) **118**
Wals-Siezenheim Krüzersberg (596 m) **7**
Weißbach bei Lofer Birnhorn (2634 m) **95**
Weißpriach Blutspitze (2627 m) **79**
Werfen Hochkönig (2941 m) **52**
Werfenweng Bleikogel (2411 m) **55**
Zederhaus Weißeck (2711 m) **77**
Zell am See Schwalbenwand (2012 m) **103**

Bildnachweis

Alfred Berghammer: S. 79, 182, 186, 320; dolomite-summits/shutterstock.com: 169; Günter Eberharter: 294; erskine/shutterstock.com: 10; Christian Haller: 256; Alois Hattinger: 217, 250, 252; Bernhard Hefinger: 97, 98, 105, 107, 112, 122, 207, 209, 326, 328; Gernot Kaltenleitner: 189, 195, 276, 278, 279, 288, 350, 357; Klaus Kogler: 33, 45, 47, 53, 161, 162, 241, 243, 246; Johannes Lebesmühlbacher: 311; Gabriel Seitlinger: 14, 17, 19, 23, 30, 35, 36, 39, 42, 48, 51, 55, 58–65, 75, 81, 82, 86, 88, 90, 92, 96, 100, 103, 108, 111, 114, 115, 117, 120, 131, 133, 136, 138, 142, 144, 145, 147, 153, 155, 172, 176, 184, 210, 214, 216, 219, 221, 225, 230, 232, 233, 236, 239, 244, 247, 253, 258, 261, 264, 266, 267, 285, 287, 297, 300, 302, 303, 305, 308, 314, 317, 325, 329, 332, 335, 338, 341, 344, 346, 347, 354; Samson Seitlinger: 70, 77; Michael Stock: 24, 27; Kurt Wicht: 170, 193; Hans Wiesenegger: 72, 125, 127, 128, 130, 134, 150, 158, 164, 165, 167, 177, 180, 198, 204, 206, 222, 271, 272, 282, 284, 291, 322; Thomas Wirnsperger: 174, 201